本专著是国家自然科学基金面上项目"基于设计的工程学习作用机理及其学习有效性研究"（72074191）和教育部第二批新工科研究与实践项目"学习科学视域下我国新工科人才学习质量提升路径的探索与实践"（E-CCJYZL20200812）的阶段性研究成果

本专著是国家自然科学基金面上项目"基于设计的工程学习作用机理及其学习有效性研究"（72074191）和教育部第二批新工科研究与实践项目"学习科学视域下我国新工科人才学习质量提升路径的探索与实践"（E-CCJYZL20200812）的阶段性研究成果

# 面向工业4.0的
# 高等工程教育变革趋势
# 与应对策略

THE REFORM TREND AND COUNTERMEASURES
OF HIGHER ENGINEERING EDUCATION FACING THE NEW
INDUSTRIAL REVOLUTION

张　炜　吕正则◎著

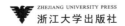
ZHEJIANG UNIVERSITY PRESS
浙江大学出版社

# 序

当前,全球科技创新进入空前密集活跃的时期,新一轮科技革命和产业变革正在重构全球创新版图、重塑全球经济结构。以人工智能、量子信息、移动通信、物联网、区块链为代表的新一代信息技术的加速突破应用,融合机器人、数字化、新材料的先进制造技术正在加速推进制造业向智能化、服务化、绿色化转型。新一代的颠覆性产业革命已初现端倪,世界各主要工业强国皆高度重视,并出台了一系列战略规划,其中以德国的"工业4.0"、美国的"工业互联网"战略最具代表性。正如习近平总书记在两院院士大会讲话中所指出的那样:"科学技术从来没有像今天这样深刻影响着国家前途命运,从来没有像今天这样深刻影响着人民生活福祉。"

工程科技是推动人类进步的发动机,是产业革命、经济发展、社会进步的有力杠杆。在我国高等工程教育快速发展过程中,必须尊重工程科技人才成长规律,培养造就一大批具有国际水平的战略性工程科技领军人才和青年工程科技人才。然而,在我国高等工程教育系统中,普遍存在着理论课程与工程情境相脱节、教学内容与智能化生产和信息技术相脱节的现象,这些弊端已经成为掣肘中国制造业持续转型升级的重要因素。传统的工程教育模式变革迫在眉睫。工程教育范式的创新变革依赖于准确预见基础科学重大发现,有效预测颠覆性产业技术变迁,以及密切跟踪新兴商业模式和社会生产方式演进。因此,面向"中国制造 2025"计划的十大战略性新兴产业需求特征,深度追踪我国高等工程教育改革的最佳实践案例,探索"工程学习有效性"的内在机理,设计行之有效的"新工科"教育教学计划,对于提升我国工程科技人才培养质量具有重要意义。本研究的理论价值和实践意义主要体现在以下三个方面。

第一,有助于充分把握新一轮产业革命和复杂工程系统的变革趋势,探析未来工程科技人才的职业能力框架与培养方式。本研究以"中国制造 2025"计划为出发点,通过文献梳理、案例追踪和结构化问卷调研,以期分析和预测新一轮产业革命变化对未来工程师的知识能力素质要求,初步构建智能工业时代工程科技创新人才的能力框架及可持续培养模式。

第二,通过动态追踪美国、欧盟、德国、俄罗斯、日本等先进制造业强国和区域以及我国工程教育改革实践,主动构建面向未来的工程教育模式,为我国高等工程教育"十四五"规划提供重要参考依据。新工业革命背景下,国际工程教育面临着前所未有的机遇和挑战。本研究运用文本分析、关键事件技术和结构化组合案例方法,动态追踪世界范围内工程教育政策演变趋势,梳理归纳我国高校工程教育创新与人才培养模式。

第三,在充分借鉴国际国内先进经验的基础上,梳理我国工程教育创新与人才培养的最佳实践模板,提出面向先进制造业的工程教育战略行动方案。在现场调研和结构化案例分析的基础上,归纳我国工程教育发展变革趋势,并提炼总结新时期工程教育变革的实现路径,从多视角多维度出发提出面向"中国制造 2025"计划的工程教育改革建议及其行动方案。

　　本书由浙江大学中国科教战略研究院副院长、科教发展战略研究中心副主任张炜教授负责整体构思、结构设计和全文校对。其中第一章至第四章,由浙江大学公共管理学院硕士研究生姜月鑫、谢彦洁参与撰写,第五章由公共管理学院博士研究生吕正则参与撰写,第六章由公共管理学院博士研究生吴蓝迪参与撰写,第七章由公共管理学院博士研究生吕正则和吴蓝迪参与撰写。对各位同学的辛勤努力和精心付出表示由衷感谢!

　　在我国高校加速推进"新工科"教育改革和建设工程教育强国的伟大征途中,衷心希望有更多工程教育理论研究者和管理实践者积极关注并努力推动我国高等工程教育教学改革实践,为建设创新型国家和实现"两个一百年"奋斗目标培养面向新时代的中国特色社会主义工程科技人才!

2020 年 2 月于清雅苑

# 前　　言

　　2013 年是第四次工业革命元年,"工业 4.0"开始进入人们视野。德国人工智能研究中心董事兼行政总裁沃尔夫冈·瓦尔斯特尔在德国汉诺威工业博览会上率先提出,将通过信息物理系统使得数字技术与软件、传感器和纳米技术深度融合并广泛应用于制造领域,引发生产制造方式新的变革,吹响了第四次工业革命的号角。同年 12 月,在欧洲最大的应用科学研究机构——弗劳恩霍夫应用研究促进协会、德意志国家工程院以及西门子等公司的推动下,德国"工业 4.0"计划正式发布。

　　为快速响应全球新工业革命浪潮,我国于 2015 年 5 月发布了《中国制造 2025》行动纲领。行动纲领指出,制造业是国民经济的主体,是立国之本、兴国之器、强国之基,要在 21 世纪中叶将我国建设成为引领世界制造业创新发展的制造强国,为实现中华民族的伟大复兴打下坚实基础。本研究通过系统梳理"1＋X"的"中国制造 2025"政策,以及全方位、体系化的与"中国制造 2025"配套的工程科技人才政策,探索了在"中国制造 2025"背景下我国工程教育政策的演变趋势,充分挖掘为应对第四次工业革命的未知考验和面向未来的中国创新型工程师需要具备的技能和素质。在系统总结世界范围内工程教育环境变化和政策演进趋势的基础上,分析现有工程教育培养模式的基本特征和存在的问题，分析把握新一轮产业革命和"中国制造 2025"在实施过程中可能引发的变革趋势，以及其对工程教育所产生的影响。同时，关注新时期国内外工程教育的典型实践以及优秀工科院校的最新改革动向，提炼总结未来计算教育发展和工程教育变革的实现路径，进而构建面向"中国制造 2025"的工程教育模式、应对策略与行动实施方案。

具体而言，本书第一篇，基于第四次工业革命的产业特征，详细阐述了新工业革命下的全球工程教育政策演变。第二篇从我国高校学科专业布局应对"中国制造 2025"产业变化的整体数据出发，分析预测了中国制造业十大重点领域的未来人才需求，总结出高校工程学科专业相对应的变化特征。在此基础上，研究分别从智能化趋势和新工科范式两个视角，指出我国工程教育教学的变革趋势。第三篇基于已有的数据挖掘和案例分析，从加强顶层设计、面向产业需求和强调高校育人主体职能等三个方面提出优化我国工程科技人才培养的对策性建议。

# 目　　录

# 第一篇

## 新工业革命驱动下的全球工程教育政策演变

　　科学技术的发展,带动新工业体系与社会发展模式不断向智能、生态、和谐、合作、共享与可持续发展。对比前三次工业革命,第四次工业革命更加凸显了数字化、智能化、绿色化、协同化、网络化五大特征。本篇通过国际工程教育政策的搜集和分析,梳理了美国、欧盟、德国、俄罗斯、日本从 2006 至 2016 年出台的一系列工程教育相关政策,采用纵向追踪法来追踪世界发达国家在工程教育领域内取得的瞩目成就以及工程教育发展前沿动态,并与《中国制造 2025》分析对比,构建基于"中国制造 2025"人才新需求的新一代工程师能力框架。

# 01 第四次工业革命趋势下的产业特征

　　2011年是第四次工业革命元年，"工业4.0"开始进入人们视野。那一年，德国人工智能研究中心董事兼行政总裁沃尔夫冈·瓦尔斯特尔在汉诺威工业博览会上率先提出，要将物联网和服务网络等现代科技媒介广泛应用于制造领域，引发生产制造方式新的变革，吹响第四次工业革命的号角。两年后的2013年，在欧洲最大的应用科学研究机构——弗劳恩霍夫应用研究促进协会、德意志国家工程院以及西门子等多家公司的建议和推动下，"工业4.0"项目正式发布。世界科学技术和生产发展进入新的机遇期。

　　世界上每一次工业革命对生产力的巨大推动作用都是毋庸置疑的，新的生产方式和思维方式带来了一个时代的更替。18世纪60年代到19世纪50年代是第一次工业革命时期，瓦特蒸汽机的发明将人类历史带入"蒸汽时代"，用机械力量代替传统人力和畜力，实现了生产力的极大跨越。19世纪末到20世纪初期，以电力的广泛应用和内燃机的发明为主要标志的第二次工业革命翻开了"电气时代"的崭新篇章，人们的生活方式和生产方式发生了更大的改变,生活品质有所提高。从 20 世纪 70 年代开始,第三次工业革命的大幕缓缓拉开,以原子能、空间技术、电子计算机和生物工程技术的发明和应用为标志,技术密集型和资本密集型产业迅速发展壮大,第一、二产业经济比重下降,第三产业比重上升,人类生产生活赋予人本身更大的价值和意义。

随着移动互联网的应用,第四次工业革命被提上日程。德国率先提出"工业 4.0"概念,试图巩固世界制造强国的先进地位。美国紧随其后,于 2012 年启动的"先进制造业国家战略计划",随后组建的工业互联网联盟(IIC)正式启动了美国工业互联网计划。日本也不甘示弱,提出"日本工业 4.0",开展对人工智能产业的探索。总之,世界各国都希望能够搭上世界科技进步的快车,为本国发展强基固本。

## 1.1 全球四次工业革命的核心特征比较

为清楚了解第四次工业革命将带来的巨大社会变革,让中国搭上这趟科技快车,现将四次工业革命从动力、领域、实质等方面列表对比(表 1-1),进而将德国工业 4.0 与"中国制造 2025"的不同维度进行对比,辨明科学技术发展趋势,在政策制定、科学研究、技术落地、人才培养等方面切中要害,赶上甚至领跑全球。

表 1-1　全球四次工业革命核心特征

|  | 第一次工业革命 | 第二次工业革命 | 第三次工业革命 | 第四次工业革命 |
|---|---|---|---|---|
| 开始时间 | 18 世纪 70 年代 | 19 世纪 70 年代 | 20 世纪 40～50 年代 | 21 世纪 |
| 进入的时代 | 蒸汽时代（工业 1.0） | 电气时代（工业 2.0） | 信息时代（工业 3.0） | 智能制造时代（工业 4.0） |
| 能源动力 | 煤炭（改良的蒸汽机） | 电力（发电机和电动机）石油（内燃机） | 太阳能、风力、核能等可再生能源 | 以风能、核能为代表的新能源 |
| 涉及领域 | 蒸汽机的发明、机器的发明和使用 | 内燃机的发明、电力广泛应用，电气化 | 原子能、计算机、微电子技术、航天技术、分子生物学、遗传工程 | 系统科学、计算机科学、纳米科学与生命科学 |
| 新兴部门 | / | 石油化工、汽车制造、电力工业 | 信息技术产业、核工业、航空航天工业、电子工业 | 大数据部门 |
| 实质 | 机器生产代替手工劳动 | 蒸汽时代进入电气时代 | 自动化、数字化、信息化 | 人工智能化、深度信息化 |
| 生产特征 | 机械化生产 | 流水线生产 | 数字化生产 | 智能化生产 |
| 生产规模 | 少量定制、少量标准化生产 | 大规模标准化生产 | 大规模定制 | 个性化定制 |
| 创新模式 | 实践创新 | 理论创新 | 信息技术创新 | 协同创新 |
| 经济模式 | 工厂 | 公司 | 平台式企业 | 智能工厂 |
| 对人的态度 | 不关注 | 无视人的生存权益 | 开展重视个体发展，以人为本 | 人本思想进一步凸显 |

　　与德国工业 4.0 相比较，我国"中国制造 2025"主要具有如下特点（表 1-2）：

　　战略目标。德国工业 4.0 是瞄准新一轮科技革命制订的措施，主要聚焦制造业的高端产业和高端环节。"中国制造 2025"则是通过数字化、网络化、智能化制造，实现新一代智能制造技术的突破和广泛应用，重塑制造业的技术体系、生产模式、发展要素及价值链，实现我国制造业的"换道超车",为我国建成世界一流的制造强国打下坚实的基础。

表 1-2　德国工业 4.0 战略与"中国制造 2025"计划对比

| | 德国工业 4.0 | 中国制造 2025 |
|---|---|---|
| 战略目标 | 充分利用信息物理系统,将先进制造业向智能型转化 | 新一代智能制造范式与技术体系的构建,实现"换道超车" |
| 关键要素 | 智能工厂、智能生产、智能产品 | 数字化、网络化、智能化制造 |
| 重点领域 | 标准化和开放标准的参考框架<br>建立管理复杂系统的工具<br>建设提供全面宽带的基础设施<br>设计、网络、系统等全面安全措施<br>数字化时代工作的组织和设计<br>持续的职业培训和发展<br>规章制度建设<br>提升原材料、人力、财务资源效率 | 新一代智能制造(融入新一代人工智能技术)<br>智能制造创新体系<br>智能制造领域基础能力<br>工业智联网与智能云平台<br>"中国制造 2025"示范区<br>智能升级技术改造与服务型制造<br>智能一代产品创新<br>智能制造装备、软件与集成产业 |
| 实现路径 | 建立全球性信息物理系统;通过价值网络实现横向集成;建设贯穿整个价值链的端到端工程数字化集成;建设纵向集成和网络化制造系统 | 采用"探索—试点—推广—普及"的有序推进模式;以信息物理系统为新一代智能制造的关键应用技术;营造"用产学研金政一体化"协同创新的生态系统 |

关键要素。德国工业 4.0 提倡生产全过程的数字化,强调智能工厂、智能生产、智能产品三大关键要素,即注重工业本身的智能化、生产过程与产品的智能化,进而为减少人工成本奠定基础。"中国制造 2025"以新一代智能制造为核心,强调数字化、网络化、智能化制造,融入了新一代人工智能技术,如大数据智能、人机混合智能、群体智能、跨媒体智能、自主智能等,是真正意义上的智能制造。

重点领域。德国工业 4.0 重点发展领域包括标准化和开放标准的参考框架;建立管理复杂系统的工具;建设提供全面宽带的基础设施;设计、网络、系统等全面安全措施;数字化时代工作的组织和设计;持续的职业培训和发展;规章制度建设;提升原材料、人力、财务资源效率。"中国制造 2025"则是以产品智能化、制造过程智能化、服务智能化为主要方向,以"智能产品装备""智能工厂""智能制造新模式""云制造""工业智联网"等为重点突破方向,抓紧实施智能制造和机器人重大工程;推进智能制造创新体系的建设和智能制造领域基础能力的建设;推进工业智联网与智能云平台建设;推进"中国制造 2025"示范区建设;实施智能升级技术改造工程与服务型制造推进工程;实施智能一代产品创新工程;以及实施智能制造装备、软件与集成产业培育工程等。

实现路径。"工业 4.0"突出"智能""网络""系统";要建设 CPS,将物联网和服务网广泛应用于制造领域,对制造产品的全生命周期、完整制造流程模块进行集成和数字化,构筑一种高度灵活、具备鲜明个性特征的产品与服务新生产模式;由于标准化、组织工作和产品的可获得性是实施"工业 4.0"的重大挑战,故而该项目鼓励德国企业参与实施"工业 4.0",并将通过领先的供应商策略和领先的市场策略来实现战略目标。"中国制造 2025"则从"总体规划—重点突破—分步实施—全面推进"的战略层面出发,采用"探索—试点—推广—普及"的有序推进模式,以 CPS 为关键使能技术,依赖新一代智能制造技术体系和系统结构,构建新一代智能制造范式,营造"用产学研金政一体化"协同创新的生态系统,以企业为主题,汇集各方力量,实施有组织的创新,逐步形成有利于智能制造发展的生态环境。

## 1.2 第四次工业革命的产业变革特征

科学技术的发展,带动新工业体系与社会发展模式不断向着智能、生态、和谐、合作、共享与可持续方向发展(邱学青等,2014)。从表 1-3 来看,与前几次相比,第四次工业革命可以归纳出以下几个新的特征。

表 1-3 第四次工业革命的新特征

| 特征 | 具体内容 |
|------|---------|
| 数字化 | 利用材料制备新技术和光点信息传感技术加强一手数据采集,以云计算、数据融合处理与分析、远程监控与诊断等技术为支撑,实现制造服务信息化 |
| 智能化 | 工业制造引入物联网和务联网,结合云计算、大数据技术将各类制造资源进行统一集中管理和经营,打通生产、服务、管理全流程,实现整条价值链的信息流通共享 |
| 绿色化 | 发展节能环保技术及设备,提高资源利用效率,发展绿色能源;推进传统制造业的绿色改造,强化产品全生命周期绿色管理,积极构建绿色制造体系 |
| 网络化 | 制造业网络中的研发设计环节的"众包"、制造环节使用数据流来驱动制造业实现更好的沟通与协调;建设分布式能源网络,实现能源网络的开放共享与协调互补;发展信息网络,为物与物之间的连接与网络的形成奠定基础 |
| 协同化 | 互联网与产业链各环节紧密协同,提升网络化协同制造水平;推进部门之间、跨领域跨行业的协同,打造政产学研用协同创新机制;全社会多元化制造资源的有效协同,提高产业链资源整合能力 |

### 1.2.1 数字化

数字化是指实际生产与虚拟控制系统汇聚程度越来越高。材料和信息采集手段的革新是产业数字化转型的前提和物质保障。材料和制备领域新技术的不断研发为网络信息技术的进步做出了重要贡献,卫星通信和光纤通信两大信息高速公路为海量信息的迅速传输提供最基本的物质载体,光学与电子信息领域的多种信息传感、多频谱信息融合等传感技术极大地提高了原始数据的丰富程度和采集效率(叶伟巍,2015)。首先,数字化制造将数字化技术和制造技术融为一体,对制造工程科学实行重大的制造技术革新,是先进制造的核心内容。利用以云计算、数据融合处理与分析、远程监控与诊断等技术为支撑的制造服务技术,实现制造服务生命周期管理、专业化的物流服务协作等,实现制造服务信息化,把企业内部员工、客户以及合作伙伴紧密地连接起来,在三者之间形成了一个广泛的社区网络,从而提高企业内外部的协作效率。其次,数字化制造的个性化、快捷性和低成本,能够迅速对本地市场做出反应,更快适应市场需求变化,是"零库存"制造实现的必要手段。

## 1.2.2   智能化

在新一轮"再工业化"浪潮中,新一代互联网技术与制造业深层次融合,机器人、智能控制、微纳制造和复杂制造系统等智能领域关键技术取得巨大进展,重大智能成套装备、光电子制造装备、增材制造等关键装备与工艺不断改进,制造业生产模式和产业形态不断创新(徐飞,2016)。提升的机器识别和反馈能力使人机互动更加深层次和频繁,制造业组织方式和生产方式逐步重构。在此背景下,世界制造大国争相重塑本国竞争优势:美国努力建设智能城市;欧盟计划利用先进制造技术和纳米科技等关键技术建设智能型社会以推动经济的智能型增长,德国更是提出通过交通设施智能化、智能网络、智能工厂、智能家居、智能制造实现个性化大批量智能生产。在工业生产上,物联网

(Internet of Things)和务联网(Service of Things)被引入制造工厂，结合云计算、大数据技术、物联网技术将各类制造资源进行统一集中管理和经营(李良军等，2015)，将生产、服务、管理全流程打通，实现整条价值链的信息共享，增强上下游产业交流与协作。物理-信息系统能够实现数据、信息在物理世界和信息世界之间的双向互动(黄阳华，2015)，加强了人与机器交互性，便利了人对全流程的监控，同时有效提升系统自动监管。

### 1.2.3 绿色化

"绿色发展"是新工业革命倡导的发展观之一，是指经济社会发展聚焦于提高人的生命力的持续健康发展(邱学青等，2016)。虽然早在工业 4.0 之前已经提出绿色化工业道路，但在第四次工业革命背景下绿色化更深入能源、工程等领域，强调用绿色的、可持续发展的观念贯穿发展的全过程，走绿色低碳发展的新路。发达国家对于新能源的重视正是由绿色发展的理念驱动的(蒋华林，2015)，能源领域强调绿色能源、可再生能源等的发展，比如美国"21 世纪工程教育的环境与挑战"(2009)中提出太阳能经济、氢能源等的开发。工程领域强调用绿色观念来制造绿色产品，比如《地平线 2020 计划》(2014)提出要建设能源基础设施，开发绿色汽车。《中国制造 2025》将绿色发展作为主要方向之一，明确提出全面推行绿色制造。为此，工业和信息化部印发了《绿色制造 2016 专项行动实施方案》。各国通过加大技术改造和设备更新力度、推广高效绿色生产工艺、提高能源资源利用效率以及开发高效率、低消耗、低排放的绿色制造流程等，推进推动工业文明与生态文明协调发展。

### 1.2.4 协同化

协同化是制造业中最重要也是最明显的一个特征,随着网络化信息化的融合发展,各个实体之间的边界变得模糊,专注于其自身的核心竞争力,借助高效的信息网络,在不同实体之间实现协同合作。第一,制造业骨干企业通过互联网与产业链各环节紧密协同,推行众包设计研发和网络化制造等新模式。比如德国工业 4.0 在市场层面中,通过领先的供应商战略和领先的市场战略来实现制造业的横向协同,得以实现快速分享信息、卓有成效的分工合作。第二,产学研政在全价值链的过程中的互动和相互协作,其目的不再仅仅是增加产量,而是通过大数据分析优化决策,使各方在协同的过程中分享知识,提高创新能力,实现互补发展。日本强调的"开放式科学",努力跨行业、跨部门,甚至跨国门地协作。目前中国产学研协同创新的新趋势包括:从研发合作向创新合作转变,从短期合作向长期合作转变,从单方面的需求向共同需求转变,与此同时,国际产学研协同合作在迅速增加(李萌,2016)。第三,进行资源的重新整合和配置,加快全社会多元化制造资源的有效协同,提高产业链资源整合能力。《中国制造 2025》提出鼓励有实力的互联网企业构建网络化协同制造公共服务平台,促进创新资源、生产能力、市场需求的集聚与对接。

### 1.2.5 网络化

第四次工业革命由于在生产制造核心价值创造环节大量采用了网络化技术在多个层面发生作用,可以在产业链环节、车间、生产线、流水线各环节之间以及任何物体之间发生,而达到物与物的连接。原有的价值创造体系将发生革命性的改变,从而促使整个社会技术体系产生变革。核心技术 CPS 带来的大量连接,形成了各种层级的网络化,这将大大改变现有的生产制造流程,从而影响制造业的价值创造体系。网络化制造即通过使用数据流来驱动制造业实现更好的沟通、协调和控制,具有确保其制造业竞争力的巨大潜力。同时,制造业技术创新网络是指推动制造业技术创新的组织系统、关系网络以及保证系统有效运行的制度和机制,主要由创新主体、创新基础设施、创新资源、创新环境、外界互动等要素组成("制造业创新驱动发展战略研究"课题组,2015)。美国国家制造业创新网络计划重建厚实的制造能力网络,将大中小型制造商、学术界以及相应政府部门的力量集合在一起。同时能源网络也发挥着重要作用,中国制造 2025 提出建设分布式能源网络。建设以太阳能、风能等可再生能源为主体的多能源协调互补的能源互联网,使电力设备和用电终端基于互联网进行双向通信和智能调控,实现分布式电源的及时有效接入,逐步建成开放共享的能源网络。

进入 21 世纪第二个十年,第四次工业革命浪潮席卷全球,以移动互联网和云计算、大数据、新能源、机器人及人工智能技术为代表的科技进步为人类生产生活带来颠覆性的改变。最近十几年,中国制造业飞速发展,取得了举世瞩目的进步,中国正从"制造大国"向"制造强国"不断迈进。中国在汽车、高铁、通信、发电等领域的杰出表现打开了世界市场的大门,这些巨大的市场为中国参与第四次工业革命创造了前所未有的巨大优势。清华大学苏世民书院创始院长李稻葵表示:"中国从没有像今天这样与世界领先的技术浪潮如此接近。"

中国因为历史原因,没能赶上前两次工业革命,仅仅参与了发端于 20 世纪 50 年代的第三次工业革命的后半段,造成了中国与西方国家的国力差距。在改革开放的 40 多年间,中国以开放包容的心态逐步走向世界,引智引资,外派人才,积极主动参与全球化。在第四次工业革命背景下,中国显现出无与伦比的优势:工程技术人才储备丰富、本土市场大、经济增长势头强劲等等。

当前,为了紧紧抓住第四次工业革命的契机,带动中国工业制造业的进一步腾飞,中国出台《中国制造 2025》计划,规划九大战略任务,重点发展新一代信息技术、高端装备、新材料、生物医药等十大战略,力图借助第四次工业革命的东风提升在全球价值链中的地位,实现弯道超车。可以说,"中国制造 2025"是第四次工业革命的产物,同时作为第四次工业革命中的重要环节,它又反过来助推第四次工业革命的纵深发展。

# 02　国际工程教育政策演变趋势

　　本章梳理了美国、欧盟、德国、俄罗斯、日本从 2006 至 2016 年出台的一系列工程教育相关政策,采用纵向追踪法来追踪世界发达国家在工程教育领域内取得的瞩目成就以及工程教育发展前沿动态,在面向未来的工程师的能力要求、工程范式以及教育方法等方面汲取关键要素,以期探索面向"中国制造 2025"的工程人才的培养模式,培育我国引领未来前沿科技发展、符合国家战略需求的工程师,并为引领 21 世纪工程教育发展新模式注入新的活力。

　　在工业化进入新时期的阶段,美国、欧盟、德国、俄罗斯、日本等都出台了相应的政策与措施,促进工业化与创新创造快速发展并相互融合。科技众多领域,如网络空间的显著进步激发大数据的产生与智能手机的普及,这些成就对全世界的社会经济结构产生了变化,也改变了科学研究和其他科技创新活动的基本流程。一些国家把网络空间带来的新社会称为"第四次工业革命",并参与到科技创新政策竞争当中,得以在新时代中拔得头筹,例如德国的"工业 4.0"。德国工业 4.0 是德国政府在 2011 年颁布的促进制造业数字化的行动计划之一,该计划希望通过使用网络物理系统（CPS）引领世界下一代制造业技术。除网络空间突飞猛进外，还有多种创新技术的发展，例如三维（3D）打印机市场的快速扩张、机器翻译技术的稳步提升、机器服务和自动驾驶技术的显著进步等。

在科技、工程、产业领域取得的诸多成就引发了工程教育的变革。教育和科技是相辅相成的两部分，科技的迅猛发展对新时期培养工程人才的工程教育提出了新要求，相应地，新型工程教育也会反作用于科技产业领域，激发其进一步的可持续发展。两者相互促进，共同推动社会经济的飞跃式进步。20 世纪末期，工程教育在复杂的形势背景下面临着必要的转型：专业技能上的狭隘、全球化、道德衰退的风险、有限的实践选择等，这些矛盾的条件促使对工程教育的新要求出现——职业专长要具有多样化、创新性、交际性，知识基础要呈现多学科、准确的职业定位，使人尽其才，并强调终生学习。工程教育是一项多主体的宏观活动，涉及国家、大学、科学组织、工业、职业工程团体、专业工程师注册和合格证明中心以及媒体控方等，为确保未来工程教育得到良好的发展，需要社会各方共同努力，齐心打造 21 世纪新型的工程教育。

## 2.1　美国：完善 STEM 教育链条，培养具备计算能力的新型工程师

众多科技创新引发的产业领域在飞速发展的同时，对工程教育及其人才培养也提出了新要求和新模式。自 2010 年起，美国多家机构相继出台各种工程教育政策，不断提出并完善工程人才培养的新要

求,以实现教育-产业相互促进的良性循环。

### 2.1.1 "大挑战学者计划"(Grand Challenge Scholars Program, GCSP)应对社会挑战培养新型工程师

该计划意在培养能解决 21 世纪社会面临的大挑战的新型工程师。他们必须具备:创造性才能,为人类基本需求提供实用的解决方案,开发新的创新机会,改造人类之间的互动,能够系统思考、构建可持续发展的社会,留意意想不到的结果以及连接技术与社会。为培养科技专家和劳动力应对挑战,这不仅必须对大学层面,还要对 K12 阶段施加影响。因此,美国国家工程院提出"大挑战 K12 合作伙伴计划",即把大挑战整合到 K12 学生和教师生活中去。该计划的目的在于扩充科学、技术、工程和数学的实施渠道,培养社会在成功解决大挑战中的技术素养和强化动机,教化民众的工程态度,明确工程在解决大挑战和提高生活质量方面能扮演的角色。

### 2.1.2 "重建实体经济:强化工程创新"重新重视制造业发展

2008 年金融危机引起了美国各界对工业/制造业的重新重视,并意识到经济繁荣和国家安全来自工业的快速发展,这种发展能够驱动教育、知识创造、能源和商品产生巨大效益。创新系统需要不同部门之间密切合作,发挥特定功能,为应对美国现在面临的竞争力挑战,美国各个部门内部以及各部门之间的关系都必须改变。研究型大学、企业、国家实验室、制造业是其中关键的创新部门。同时,论坛针对"重建实体经济,为工程创新松绑"议题提出了能源、奖励以及教育等方面的政策措施,促进能源和环境、探索、教育和全球发展、生命科学等领

域的发展,另外普通教育中必须更多地整合科学和技术的内容。

### 2.1.3 《培养下一代 STEM 创新者:识别和开发美国的人力资本》多途径识别培养 STEM 专家

"STEM 创新者"是指那些把专业技能的人才培养成重要的 STEM 专家的个人,或者在科学和技术认识上有重大突破或进步的创造者。为识别和培养下一代 STEM 创新者,美国国家科学委员会提出三个重要建议:为优秀人才提供机会;广泛识别并确定各类人才,培养所有学生的潜力;孕育培养和表彰优秀者及创新思想的支撑性生态系统。

### 2.1.4 国家制造业创新网络计划(NNMI)凝聚各界力量重振美国制造业

该计划由美国国防部、能源部、商务部、国家航空航天局、国家科学基金会等多部门联合投资 10 亿美元,是一项旨在建立起全美产业界和学术界间有效的制造业研发基础、解决美国制造业创新和产业化的相关问题的综合性项目。该计划在全美创建由 15 个制造业创新研究所组成的国家制造业创新网络。截至目前,美国已在制造、电力、电子、数字、金属、先进材料、光子、灵巧制造、清洁能源、新型纺织品等多个领域建成制造业创新研究所。NNMI 计划将使美国重建厚实的制造能力网络,通过将大中小型制造商、学术界以及相应的政府部门的力量集合在一起,美国将重新成为世界制造业领袖。届时,美国不仅将增强工业竞争力,还将提升繁荣程度和国家安全。

### 2.1.5 《训练与激励：事关美国前途的 K12 STEM 教育》全面推广 STEM 能力

为了培养具备 STEM 能力的公民、精通 STEM 的劳动力以及未来 STEM 专家，国家要紧盯两大目标：既要训练所有学生，包括领域内的女性和少数族裔，帮助其掌握 STEM 科目；又要激励所有学生认真学习 STEM，并在这个过程中鼓励大部分人从事与 STEM 相关的职业。同时，联邦政府要提升 STEM 教育的明确策略和领导能力；在下一个 10 年里招募和培养 10 万名能训练和激励学生的优秀 STEM 教师；建立 STEM 名师团队，认可并奖励全国排名前 5％的 STEM 教师；创建高级教育研究计划部门，通过技术带动创新；课外个人与团队实践活动激励机会；在下个 10 年里新建 1000 所专攻 STEM 教育的学校；确保策略明晰且施政有力的国家领导力。

### 2.1.6 "工程科技人力资源开发的几类行动"多途径开展工程教育培养 STEM 技能

美国工程院认为，为保持美国在解决人类面临的重大工程问题中的主导地位和在全球经济中的竞争力地位，必须拥有具备先进的 STEM 知识和技能的劳动力队伍。工程院始终关注工程科技人才培养，在开展各项活动的过程中注意汇集各界的智力资源，构建工程教育培养共同体。报告主要从七个方面提出了工程科技人才培养的若干计划，这些计划获得了工程院的有效实施：扩大工程教育的多样参与、提升公众的工程认知和工程素养、关注工科的课程和教学、加强本科生的工程参与及效果、K12 工程教育的相关项目或行动、继续工程教育、工程教育政策,并提出了包括工程劳动力多样性(DEW)计划、技术素养计划在内的七项有关计划。

### 2.1.7　《工程教育的机遇——更好培养学生的途径》将工程技术与科学应用纳入科学第四领域

NRC、美国科学教师协会、美国科学促进会以及各州教育工作者在 2013 年共同制定了《美国新一代科学标准》(NGSS),该标准建立在以下三个核心概念之上:物质科学、生命科学、地球与宇宙空间科学,并增加了第四个领域即工程技术与科学应用。它的推出使得工程准则渗入每一个青少年学生的学习过程,这是工程教育的关键突破。在该标准中的工程技术与科学应用部分提到了所有学生必须学习的八项科学与工程实践:提出科学疑问与界定工程问题;构建并运用模型;计划与开展调查;分析与解释数据;运用数学与计算思维;说明分析结果与设计解决方案;用证据进行论证;获取、评估与交流信息。

### 2.1.8　《创新美国战略》点明国家重点工作突破性进展及未来发展方向

报告从两个维度出发,即国家重点工作突破性进展以及未来新视野。国家重点工作突破性进展包括大挑战(great challenge)、利用精密医学治疗疾病、通过"大脑(brian)"计划加速新型神经技术的发展、催生医疗保健领域的突破创新、使用先进汽车大幅度减少死亡、建设智能城市、促进清洁能源技术、提高能源效率、教育技术革命、太空探索、开拓计算机新领域、利用创新在 2030 年结束极端全球贫困等。未来新视野主要有四方面:设计智能监管支持新兴技术;邀请在创新管理、数据科学、金融创新以及以人为核心的设计等领域具有技能的人员为国效力；为国家重点工作进行金融创新；以及增强"需求拉动"在美国创新战略中的作用，如里程费（milestone payments）、激励奖金以及先期市场承诺。

### 2.1.9　评估框架变化对趋势数据的影响调查结果：工程向计算机和心理学的方向转变

美国每年都对可授予科学、工程和特定健康领域硕士或博士学位的全部学术机构进行调查。2011 年的资格审查中识别出了 165 个符合条件的新机构，经过更加精准的合格性鉴定后，美国于 2013 年确定了 140 个符合条件的学术机构。调查发现，通过将这些新机构并入前期数据，有了以下变化：科学、工程和特定健康领域学科发展方向逐渐趋于计算机科学和心理学，而非传统工程和健康，而且女性、少数民族、在职生越来越多加入该领域。

### 2.1.10　《工程师职业养成：革新工程与计算机科学部门》指出解决"大挑战"所要具备的工程师职业养成内容

21 世纪社会面临的复杂问题需要改变工程师和计算机科学家的教育方式。工程和计算机科学部门面临的共同挑战是如何将技术技能和专业技能融入课程；如何促进和激励教员参与变革的过程；以及如何创造一种欢迎所有类型师生的包容性文化。所谓工程师职业养成是指正式及非正式过程与价值体系，通过这些过程和体系人们分别成为工程师和计算机科学家，包括训练工程师和计算机科学家持有并提升专业领域的伦理责任，以提高所有人的生活质量。职业养成包括但不限于:任何年龄的专业介绍;在正式和非正式场合或领域获得深厚技术和专业技能、知识与能力;前景、观点以及思考求知与做事方式的发展;发展作为一名有责任的技术专家的认同感;专业、专业标准以及规范的文化互渗。

从美国 2010—2016 年出台的工程教育政策文件(表 2-1)关键词中可知,STEM——科学、技术、工程、数学是美国一直以来重点关注的领域,在近些年美国又加大了对能源、环境、计算机领域的重视,并一再强调复兴制造业与实体经济。相应地,在近些年的工程科技人才、工程师的培养上,美国注重强调工程人才需要具备基本 STEM 能力、过硬的专业技能、工程伦理以及实践动手能力等基本素养。

表 2-1　美国 2010—2016 年出台的工程教育政策文件

| 时间 | 颁布机构 | 政策名称 | 核心内容 |
|---|---|---|---|
| 2010 年 | 工程院 | 21 世纪工程教育的环境与挑战 | "大挑战学者计划""大挑战 K12 合作伙伴计划" |
| 2010 年 | 国家科学委员会 | 培养下一代 STEM 创新者:识别和开发我国的人力资本 | 为优秀人才提供机会,激发所有学生的潜力;孕育培养和表彰优秀者及创新思想的支撑性生态系统 |
| 2010 年 | 工程院 | 重建实体经济:为工程创新松绑 | 部门内部以及各部门之间的关系都必须改变;提出能源、奖励以及教育等方面的政策措施 |
| 2010 年 | 总统行政办公室、总统科技顾问委员会 | 训练与激励:事关美国前途的 K12 STEM 教育 | 训练、激励所有学生学习 STEM 并从事 STEM 相关职业 |

续表

| 时间 | 颁布机构 | 政策名称 | 核心内容 |
| --- | --- | --- | --- |
| 2012 年 | 国防部、能源部、商务部、国家航空航天局、国家科学基金会等 | 国家制造业创新网络计划（NNMI） | 建立全美产业界和学术界间有效的制造业研发基础、解决美国制造业创新和产业化的相关问题 |
| 2015 年 | 白宫国家经济委员会与科技政策办公室 | 创新美国战略 | 国家重点工作突破性进展；未来新视野 |
| 2016 年 | 国家科学基金会、国家科学与工程统计中心、社会行为与经济科学理事会 | 评估框架变化对趋势数据的影响：基于对科学和工程研究生和博士后的调查 | 科技、工程、健康领域发展方向趋于计算机科学和心理学而非工程和健康；女性、少数民族、在职群体增加 |
| 2016 年 | 国家科学基金会工程理事会、计算机与信息科学与工程理事会、教育与人力资源理事会 | 工程师职业养成：革新工程与计算机科学部门 | 通过工程和计算机科学部门重大可持续变革，更好的教育工程和计算机科学学生应对 21 世纪的挑战；表述工程师职业养成具体内容 |

## 2.2 欧盟：以创新创业为社会可持续发展注入动力

欧盟不仅是不同国家的联盟，而且是不同文化、不同语言、不同人文精神和不同教育体系的混合物。欧盟鼓励发展解决社会问题所需要的未来技术和交叉学科能力的工程师，近年来，为了培养面向未来的卓越工程师，加强欧盟各国工程人才的流动，欧盟出台了一些工程教育政策，以进一步提升欧洲一体化进程并提升其世界的战略地位（表 2-2）。

表 2-2 欧盟 2006—2015 年出台的工程教育政策文件

| 时间 | 颁布机构 | 政策名称 | 核心内容 |
|---|---|---|---|
| 2006 年 | 欧盟委员会独立专家组 | 《创建一个创新型欧洲》 | 关注各种资源的整合,超越单一的研发及创新政策的狭隘视野 |
| 2007 年 | 欧盟委员会 | 欧盟竞争力和创新框架计划(2007—2013) | 强调推进包括生态创新在内的全方位创新,加速发展一个持久创新和信息化的社会 |
| 2008 年 | 欧盟委员会 | 《再造欧洲工程教育》 | 重视欧洲工程教育与全球化、创业、强化伦理道德的需要等 |
| 2009 年 | 欧盟委员会 | EUGENE 计划 | 基于创新和创业能力,提出包括工程教育研究、增强在欧洲学习工程的研究等在内的五个专项活动 |
| 2009 年 | 欧盟委员会 | 《推进教育与训练的里斯本目标:指标与基准》 | 关注欧洲创新能力情况 |
| 2009 年 | 欧盟委员会 | 《欧洲创造与革新宣言》 | "知识三角"为基础推动增长,在终身学习过程中理论结合实践,培养创新精神 |
| 2009 年 | 欧洲工程教育协会 | 欧洲工程教育协会年度报告(2008—2009) | 强调开发跨学科工程教育计划,重视发展跨组织、跨学科的交互式机构 |
| 2013 年 | 欧洲工程教育协会 | 欧洲工程教育学会年度报告《推动工程教育应对未来挑战 2013—2014:走向 2020》 | 强调工科毕业生的工程技能应当适应产业需求 |
| 2014 年 | 欧盟委员会 | 《地平线 2020 计划》 | 宗旨是孵化能够改善人们生活的科技成果,强调资助对未来的技术创新和商业开发产生革命性影响的交叉科学研究 |
| 2014 年 | 欧洲工程教育协会 | 欧洲工程教育协会年度报告(2014—2015) | SEFI 未来 5 年重点主题包括:吸引力、教育和技能——就业率、能力构建、数字世界和工程教育 |

续表

| 时间 | 颁布机构 | 政策名称 | 核心内容 |
|------|---------|---------|---------|
| 2015 年 | 欧洲工程教育协会工作技能组 | 培养研究生工作技能的意见书 | 问题的复杂性往往要求人们从社会和系统的角度来看问题,需要的技能应该是技术、方法、人际交往能力的交叉点 |
| 2018 年 | 欧洲工程教育协会 | 欧洲工程教育协会年度报告(2017—2018) | 强调欧洲持续构建工程教育共同体。 |

### 2.2.1 《创建一个创新型欧洲》重视资源的整合

该报告制定了一项创新欧洲的战略。为实现这一目标,欧盟需要将市场和创新产品及服务结合起来,关注资源、新的财务结构和人员、资金、组织的流动性。将这些组合在一起,形成新的范式转变,从而超越单一的研发及创新政策的狭隘视野。

### 2.2.2 竞争力和创新框架计划(2007—2013)关注生态创新和信息技术创新

该计划旨在通过鼓励创业行动,打造能够提升创新能力的有益环境,创造一个更具投资吸引力的欧洲以实现修订后的"里斯本战略"。CIP 计划由三个专项计划组成:企业与创新专项计划(EIP)、信息通信技术支撑专项计划(ICT-PSP)、欧洲智能能源专项计划(IEE)。每项计划贯穿统一的"生态创新"主题。CIP 计划的总体目标强调推进包括生态创新在内的全方位创新;加速发展一个持久、竞争、创新和信息化的社会,特别提出大力支持物联网技术的发展;以及从各个方面提高能源使用效率、开发新能源和可再生能源。

### 2.2.3 《欧洲工程教育计划》以创新和创业能力促进经济增长

该计划主要目的在于提高欧洲工程教育的竞争力、创新和社会经济增长及其在全球的影响力。在实施了 H3E、E4、TREE 三个计划后,欧洲工程教育界认为还要实施这个计划的理由在于:日新月异的世界需要一种灵活应变、快速响应的工程教育;大学必须找到与企业更深入、稳定的合作;新计划主要基于创新和创业能力,创新是技术驱动的。为此,EUGENE 安排了五个专项活动,包括博士研究、工程教育研究、人才流动研究、终身学习和继续教育研究、增强在欧洲学习工程的研究。

### 2.2.4 《地平线 2020 计划》以孵化能够改善人们生活的科技成果为宗旨

这是欧盟有史以来最大的研究和创新框架计划,它将把实验室里孵化的伟大创意投入市场,创造更多突破、发现和世界第一。在三大支柱领域——卓越的科学研究、产业领导力和社会挑战——的指导下,为从前沿科学到示范项目再到即将入市的创新等各种科研活动提供资金支持。报告中指出为建设智能型社会,必须以知识和创新作为未来增长的驱动力,并实现可持续性增长。为此,欧盟推出一些旗舰计划,包括"创新联盟""青年行动"和"欧洲数字化进程"等。

从欧盟 2006 至 2015 年发布的工程教育的政策报告中提炼出关键词,可以看出,能源领域、信息技术领域、生物化学材料领域是欧盟一直以来的关注重点。但是最近几年,除了信息通信技术、物联网技术等,欧盟更加关注智能技术、数字技术、新材料技术、绿色技术等。其对工程专业人才的关注点主要有创新创业能力、跨学科思想、社会和系统思维等。

### 2.2.5 《欧洲工程教育协会年度报告》(2017—2018)强调欧洲将持续构建工程教育共同体

欧洲工程教育协会(SEFI)2017 年年会召开于 SEFI 成立 45 周年之际,共有来自 37 个国家(包括 12 个非欧洲国家)的 283 名代表参加。报告梳理了 SEFI 在 2017—2018 年间的重点项目及其未来工作计划,主要包括:(1)PREFER 项目,关注未来工程师的职业角色和就业能力开发的专业角色模型,包括产品领导(专注于重大创新)、卓越运营(专注于流程或产品优化)和客户联系(专注于定制化的客户解决方案)三个岗位;(2)EBCC 示范项目,面向欧洲的创意工程教育事业与企业合作模式,其主要目的是通过与本地企业的接触,加强高等教育机构对商业创新的参与;(3)数学和工程教育工作组,为对工程数学感兴趣的人提供交换观点和想法的机会,以及推广工程教育中的数学教学方法;(4)开放在线工程教育工作组,计划追踪开放网络技术的发展和创新,研究这些技术在工程教育教学中的应用,并关注学习分析等新兴技术;(5)SEFI 课程开发工作组,试图根据 21 世纪的工程创新来制订和实施培训计划,以提高公司及企业家的绩效;(6)工程师伦理计划,将工程伦理作为工程师教育的一部分,大学工程学位计划应当为毕业生的工程伦理决策做好职业准备;(7)工程教育质量保证和鉴定计划,从外部视角来理解工程教育计划,提出持续改进工程教育计划的建议。

## 2.3　德国:以数字化与智能化引领工程教育变革

德国的工程教育有悠久的传统,大学、工程协会和产业界对于工程教育应该如何组织,需要什么内容、范围和成果等问题的看法基本一致。但是近年来德国政府面临着数十年来最严峻的经济与金融危机,同时为了应对一些重大全球挑战,德国出台了一系列国家层面的产业政策、工程教育政策,通过加强学科研究、人才培养等,为制订出有未来前景的解决方案提供指导。

### 2.3.1   《德国高技术战略》为国家科技发展提出总纲领

本纲领以期发起新的"创意攻势",持续加强创新力量,使德国在未来市场上位居前列。"德国高技术战略"包括五个方面:促进科学与产业之间的紧密合作、增加私人创新义务、有目的地扩散尖端技术、推动研究与发展的国际化以及人才培养。在其四大重点领域中规划了42项主题,包括健康研究和医疗技术、环境技术、安全技术等。此外还在8个关键技术领域提出了一系列关键技术的计划项目:信息与通信技术、光学技术、生物技术、纳米技术、材料技术、生产技术、微系统技术、宇宙技术。

### 2.3.2   《德国 2020 高科技战略》着力发展可持续创新项目

该战略基于德国高科技战略的成功模式,强调聚焦于全球挑战、着眼未来和面向欧洲等战略新重点,指出了国家五大需求领域和重大历史使命取向的开端:1.聚焦在国家重要的五大需求领域,气候与能源、健康与营养、交通、安全、通信;2.重大历史使命取向的开端包括未来项目和关键技术。其中"未来项目"须具有未来 10 年甚至 15 年发展的具体目标和远景,这些项目不仅要符合未来可持续创新战略的长期要求,同时也必须是形成中期发展路线图的基础。

### 2.3.3 《德国研究、创新与技术能力鉴定报告》重视管产学的协同作用

报告认为,过去几年的成功因素主要是企业和政府对研发的投入,同时报告赞扬了研究下院和尖端研究集群竞赛等动议。通过这些,企业界和科技界加强了联系,推动了知识和技术的转移。

### 2.3.4 《保障德国制造业的未来(十四)——关于实施工业 4.0 战略的建议》重视智能工厂和智能生产

该报告是官产学专家组成的德国"工业革命 4.0"工作组在 2013 年 4 月举办的"Hannover Messe 2013"发表的最终报告,用以充分挖掘信息技术促进工业发展的潜力,抢抓新工业革命的先机。工业 4.0 的概念是以智能制造为主导的第四次工业革命,旨在通过充分利用信息物理融合系统(CPS),将先进制造业向智能型转化,建立一个高度灵活的个性化和数字化的产品生产机制。工业 4.0 主要分为两大主题,一是"智能工厂"研究智能化生产系统及过程,以及网络化分布式生产设施的实现;二是"智能生产",主要涉及整个企业的生产物流管理、人机互动以及 3D 技术在工业生产过程中的应用。

### 2.3.5 《数字经济 2025》强调数字化,为未来社会构建基础设施

该战略对数字化重点领域的目标进行了描述,并提出了相应的实施措施。报告提出迈向未来的十个步骤,包括:至 2025 年在全德国建成千兆级光纤网,在推广新一代移动通信(5G)网络时必须争取成为欧洲的技术领先者;巩固"智能化联网"在经济基础中的核心地位;将数字化技术的科研、开发和创新带入顶尖水平。同时强调实现生命各

阶段的数字化教学全覆盖,在线教学课程,比如大规模开放在线课堂
(MOOCs)等,未来能更好地融入专业学习。

### 2.3.6　小结

从德国自 2006 年至 2016 年发布的工程教育报告与政策(表 2-3),
发现其核心特征是根据既定目标联合创新活动的所有参与者,共同寻

表 2-3　德国 2006—2016 年出台的工程教育政策文件

| 时间 | 颁布机构 | 政策名称 | 核心内容 |
|---|---|---|---|
| 2006 年 | 德国联邦政府 | 《德国高技术战略》 | 重视促进科学与产业之间的紧密合作、增加私人创新义务、推动研究与发展的国际化等 |
| 2009 年 | 德国联邦教育科学部 | 《德国研究与创新》 | 对"德国高技术战略"未来进行展望,重视优秀人才和熟练技工的获得、科学政策的创新 |
| 2010 年 | 德国联邦教研部 | 《德国 2020 高科技战略》 | 指出了国家五大需求包括气候与能源、健康与营养、交通、安全、通信 |
| 2013 年 | 德国研究创新专家委员会 | 《德国研究、创新与技术能力鉴定报告》 | 加强企业界和科技界的联系,推动知识和技术的转移 |
| 2013 年 | 德国"工业革命 4.0 工作组" | 《保障德国制造业的未来(十四)——关于实施工业 4.0 战略的建议》 | 工业 4.0 主要分为两大主题:一是"智能工厂",二是"智能生产" |
| 2014 年 | 德国联邦经济与能源部 | 《2014—2017 年数字化议程》 | 突出了"数字经济发展",提出打造具有国际竞争力"数字强国"的战略目标 |
| 2015 年 | 德国联邦政府 | 智能化联网战略 | "数字化议程 2014—2017"的实施措施,包含经济界的代表们提出的建议 |
| 2016 年 | 德国联邦经济与能源部 | 《数字经济 2025》 | 提出迈向未来的十个步骤,包括移动技术、智能化技术、大数据等前沿领域和技术等 |

求应对社会重大挑战的系统解决方案。依据从政策报告中提炼出的关键词可发现，能源领域、交通领域和信息技术领域一直是德国联邦政府关注的重点领域，近年来数字化、智能制造、云计算成为新热点，3D 打印、机器人技术、物理信息系统技术备受关注。对于先进制造技术的发展趋势，可以用绿色、智能、融合几个关键词来概括。工程师培养方面，强调重视工程专业学生从学校到职场的过渡，此外，在线学习与未来的工程教育关系十分紧密。

## 2.4　俄罗斯：以工程项目为导向、跨学科研究方法推动工程教育变革

高科技计算工程环境的教育—研究—创新前瞻性架构，是"慧件 & 软件 & 硬件"（brainware & software & hardware）三位一体有效协作的智力环境，是俄罗斯在建国家创新体系的构成之一。建立前瞻性架构的主要目的是组织和实施俄罗斯大多数优势研究方向和关键技术的基础性和应用性跨学科研究，以及发展跨学科和多学科理工教育、发展企业创新文化、提高企业家素养、优化高科技计算工程环境知识产生和扩大再生产的智力环境。在此基础上，为促进工程教育变革发展，俄罗斯制定众多先进战略，涉及工程师、工程项目、团队建设、研究方法等多项内容。俄联邦教育科学部长安德烈·福尔辛科在 2011 年 3 月 30 日俄联邦总统经济现代化和技术发展委员会会议上重点提出建设"俄罗斯的工程教育"，鉴于此，俄联邦政府连续发布第 218 号、219 号、220 号命令，要求在 2010—2013 年开展高校与工业的合作，发展高校创新基础设施，吸引著名学者走进高校；2011—2020 年吸引高

校实施国有公司创新发展规划,参与技术平台;2012—2016 年共有 55
所大学出台战略发展规划。同时在工程教育领域推广多项先进战略
(表 2-4)。

表 2-4　俄罗斯工程教育先进战略

| 战略方法 | 具体内容 |
| --- | --- |
| 工程师职业能力培养的综合方法 | 能力导向方式、工程项目培养方式(包括实践导向、课题导向、项目培养等方法)、跨学科/多学科方法代替狭隘专门化方法、团队培养、以独立信息检索为基础的方法、背景教学(广义理解工程活动的技术、社会经济、法律、生态、文化背景) |
| 经历实际工程项目的工程教育 | 工程专业培养的课题导向方法和创新导向方法一样能够将学生的注意力集中在分析、研究和解决某一具体课题上。研究的课题最大限度促进学生有意地获取该课题所需要知识,而跨学科/多学科培养方法能够教会学生独立从不同学科领域"采集"知识,在所解决的具体课题背景下对其进行分类和精选,研究并掌握具有世界水平的高新技术 |
| 虚拟跨学科/多学科工程项目团队 | 工程师应该具备广泛的科学素养,掌握各方面知识,包括自然科学、技术、经济学、社会和人文科学、高新技术等。现代工程师应该既是具有世界水平的专业人士,也是综合科技项目的组织者、协调者与管理者 |
| 创新工程项目方法 | 教师、研究生、大学生通过应用跨行业技术和高科技设备(基本的三位一体"计算设备-软件-硬件")在大学的主要科学和工程训练基础上、在跨学科/多学科团队范围内实际解决工业的综合课题 |

　　从俄罗斯 2010 年之后出台的工程教育政策文件中可知,高科技、
计算、智能化领域是俄罗斯政府关注的重点;在此基础上,培养工程师
的跨学科和多学科能力、创新能力、实践能力以及团队合作能力是工
程教育的重点工作。

## 2.5 日本：以开放式科技创新解决社会经济问题

日本自 1971 年以来就开始持续对科技未来进行调查，关注科技创新政策，1988 年国家科技政策研究院创立，致力于通过对有关科技未来的调查研究，达到长期预测未来科技和社会发展状况的目的。日本科技创新政策关注的视角主要体现在解决国内重要问题、全球问题以及改善社会与科技创新之间的关系。2014 年日本提出《科技创新综合战略》，涉及"实现清洁经济的能源系统""领先世界发展下一代基础设施""利用当地资源培养新产业"等问题，并呼吁在社会与科技创新之间重新建立互信的关系以改善今后的科技创新政策。

2020 年是日本第五次基本计划的最后一年，也是东京奥运会和残奥会举办年。抓住类似于奥运会这样的重要机遇，向全日本、全世界人民展示科技以及惠及全国的创新研究成果已成为日本的重要任务。而奥运会与残奥会的成功、提升全球关注度来解决社会问题、日本产业的全球开发以及强劲的日本经济发展，都以期通过"利用科技创新大力推动全世界发展的九项措施"，即九项"创新 2020"得到实现（表 2-5）。

除"创新 2020"，日本政府各部门都积极推出促进科技创新发展的政策措施。具体内容如表 2-6 所示。

从日本近年出台的政策文件可知，能源、资源、物联网成为日本政府重点关注的领域，另外提出了"开放式创新"作为引领日本社会经济发展的新方向。在此基础上，日本对工程人才提出了具备创新思维、跨学科思维、识别机遇能力以及应对挑战能力的要求。

表 2-5 日本"创新 2020"

| 项目 | 核心内容 |
|---|---|
| 智能款待(接待创新 2020) | 为外国访客提供沟通和行动上的无压力、热情周到服务 |
| 日本花卉计划(花卉创新 2020) | 利用先进科技确保夏中的东京被新鲜缤纷的日本花装扮 |
| 新型真实成像系统(全球电影体验创新 2020) | 与全世界的人一同分享超级真实成像带来的激动心情 |
| 提前对传染病监测(疾病信息创新 2020) | 对传染病暴发提前监控并通告以保障人民健康 |
| 新一代城市交通系统(可移动性创新 2020) | 为所有人提供的人性化、易使用的交通方式 |
| 行动优化系统(大数据与传感创新 2020) | 利用招待方面的安全与舒适大数据确保人口的顺畅流动 |
| 参与式辅助系统(新型无障碍创新 2020) | 帮助残疾者与老年人无障碍参与社会的系统 |
| 氢能源系统(能源创新 2020) | 产物只有水的未来清洁出行与生活的最新能源 |
| 游击式暴雨与龙卷风预测(天气预报创新 2020) | 提前对突至的暴雨进行警报 |

表 2-6 日本 2015 年出台的工程政策文件

| 时间 | 颁布机构 | 政策名称 | 核心内容 |
|---|---|---|---|
| 2015 年 2 月 | 科学理事会 | 关于第五个科技基本计划的建议 | 从学术视角讨论科技基本计划,追求"平衡发展"和"科学可持续发展"以确保学术发展,特别关注第五个基本计划中"大学概念""基础研究重要性"以及"日本在国际团体中的学术领导地位" |

续表

| 时间 | 颁布机构 | 政策名称 | 核心内容 |
|---|---|---|---|
| 2015 年 3 月 | 商业联合会 | 面向未来创造的科技创新基本计划进展:第五个科技基本计划二次提案 | 未来创造的三个关键视角,"物联网""系统国际标准化措施"以及"开放式创新全面提升";五个未来创造重要问题如"国家面临的跨部门或创新问题的挑战";提升创新国家体制的七种途径如"进一步加强科技创新理事会管控塔作用"和"确保科技预算可得" |
| 2015 年 3 月 | 内阁办公室 | 促进日本开放式科学 | "提升由公共研究资金资助的研究成果使用程度"成为日本开放式科学的基本途径 |
| 2015 年 4 月 | 科技创新理事会专家小组 | 第五次科技基本计划制定概念 | 第五个基本计划的三大支柱:"在大改革时代抓住先机""主动解决社会经济问题""强化应对不确定变化并正面挑战的能力";为在创新系统中可能阻碍或促进人力资源、知识以及资金循环的科技创新政策方向提出了多项建议 |

## 2.6  本章小结

第四次工业革命背景下产业的新需求引发了对国际工程教育政策更高的诉求。基于以智能化、数字化等为特点的第四次工业革命浪潮,本章着重回答国际工程教育政策如何应对第四次工业革命背景下产业的新趋势,试图通过分析美国、欧盟、德国、俄罗斯、日本的工程教育政策的演变趋势,厘清各国的产业新特征与人才新要求。本章依次回溯了美国、欧盟、德国、俄罗斯、日本的工程教育政策。

美国开始重新重视制造业和实体经济的发展,注重将前沿科技用于解决重大社会问题,为了这项重大战略任务培养工程科技人才和工程师,美国一直将青少年的 STEM——科学、技术、工程、数学教育作为重点发展领域。在整个工程师培养过程中要求其具备基本 STEM 能力、过硬的专业技能、工程伦理以及实践动手能力等基本素养。同时加强学术界和产业界各个部门之间的合作,实现教育-产业相互促进的良性循环。

欧盟的各项工程教育报告认为未来社会的问题都具有复杂性,需要建设信息化社会,打造有利于提升创新能力的有益环境,发展前沿新兴技术并将其运用到实际需要中。最近几年,欧盟更加关注智能技术、数字技术、新材料技术、绿色技术等;致力于企业和高校更持续稳定的合作,培养具备创新和创业能力、实际工程问题的解决能力以及跨学科能力的工程师。

德国以工业 4.0 为代表的工程教育政策中提出新一代工业革命中智能化是不可逆转的趋势,数字化是发展的基础,进而聚焦在国家需求领域,提出符合未来可持续创新战略的发展规划,大力推动数字化和智能化在德国工程教育中的发展,促进科学和产业之间的紧密合作,有目的地扩展尖端技术,着力打造数字强国,从而促进先进制造业向智能型转化。

为应对第四次工业革命中计算和智能化的趋势,俄罗斯致力于优化高科技计算工程环境知识产生和扩大再生产的智力环境,制定众多先进战略,涉及工程师、工程项目、团队建设、研究方法等多项内容,通过虚拟跨学科、多学科团队等方式培养具备广泛的科学素养、跨学科知识、实践能力的创新型工程师。

日本致力于解决国内重要问题、全球问题以及改善社会与科技创新之间的关系。长期预测未来科技和社会发展状况,从而促进人力资源、知识以及资金循环,提高公共资金支持的研究成果的使用程度,创新性地解决跨部门问题。同时,日本提出以开放式理念培养新一代工程师识别机遇能力以及应对挑战能力。最重要的是努力恢复与建立社会与科技创新之间互信的关系以改善今后的科技创新政策,为开放式创新提供自由的环境。

第四次工业革命以数字化、智能化、网络化、协同化和绿色化等为特征,各国的工程教育政策也持续以此为关注点,进一步分析可发现,系统化思维、跨学科能力、团队合作、人文素养等是各国培养下一代工程师的能力重点。复杂性工程问题与社会问题日益增多,需要工程师具备系统化思考的能力,同问题解决的相关部门与人员逐步实现无缝对接、通力合作,实现资源的充分利用。网络化的资源分布意味着物和物之间的连接更多样与高频,工程师只有具备跨学科知识,才有更大概率发现"创新组合"的可能性,不断寻找问题的创新解决方式。科技与工程知识本身是中性的,但是对科技与工程知识的不当运用,很可能对于解决原本的问题而言力量微薄,甚至是背道而驰;同时过去的工业革命多是以牺牲环境为代价的,现在人们日益发觉只有同时重视环境效益和经济效益才是长久的发展之道。为了构建绿色的可持续发展的社会,第四次工业革命迫切需要工程师具备广泛的人文素养,在第四次工业革命的方方面面进行深度渗透与融合。

# 03 面向"中国制造 2025"的我国工程教育政策演变趋势

　　本章通过梳理"1＋X"的"中国制造 2025"政策,以及全方位、体系化的"中国制造 2025"配套人才政策,探索了"中国制造 2025"背景下我国工程教育政策的演变趋势,充分挖掘为应对第四次工业革命的未知考验。面向未来的中国创新型工程师需要具备的技能和素质,结合前一章美国、欧盟、德国、日本、俄罗斯等国家和区域的工程教育政策中对新一代工程科技人才的要求,尝试提出在第四次工业革命驱动下的我国新一代工程师能力素质模型。

　　众多学者专家对"中国制造 2025"系列配套政策文本、"中国制造 2025"与教育、"中国制造 2025"与产业等主题进行了较为翔实的研究。政策文本研究方面,黄群慧等(2015)通过文本内容解析中国制造业的核心能力、功能定位与发展战略;也有学者将"中国制造 2025"系列文本与世界发达国家应对工业 4.0 所颁布的政策文本进行比较研究,李金华(2015)从政策颁布的背景、政策框架、政策目标、优先领域、执行路径等方面对比了德国"工业 4.0"与"中国制造 2025";也有学者对美国、德国和中国的制造创新发展战略文本进行分析,并对中国制造业发展提出重要启示(李健旋,2016)。面临"中国制造 2025"计划提出所面临的新形式,需要通过完善人才培养保障机制、人才培养结构等构建多层次的人才培养体系,强化产教融合的人才培养机制(李拓宇等,2015)。地方高校要强调"应用",向应用型大学转型(夏建国等,2015),高职类人才教育需要注重拓宽专业口径、实训实习基地建设等(蔡泽寰,2017)。也有专家学者对"中国制造 2025"重点发展领域进行深刻的解析,通过对智能制造、绿色制造等领域的研究,提出新工业革命的本质特征是技术方式、产业形态、组织方式、商业模式等的变革(周济,2015;余东华等,2015),并认为工匠精神、核心能力等的培育是可行的实践路径(章立东,2016)。

## 3.1 "1+X"的"中国制造 2025"产业政策:智能制造引领两化(工业化和信息化)深度融合

我国仍处在工业化进程中,我国制造业大而不强、自主创新能力弱、资源能源利用效率低、产业结构不合理、两化融合深度不够、产业国际化程度不高、多数产业处于价值链中低端(郭朝先,王宏霞,2015),这严重制约了我国制造业经济的发展,令其难以继续朝经济强国目标迈进。为解决此类问题,2015 年 5 月 19 日,国务院正式印发《中国制造 2025》,这是我国实施制造强国战略第一个十年的行动纲领。习近平总书记强调,"实体经济是国家的本钱,要发展制造业尤其是先进制造业"。建设制造强国,要全面贯彻党的十八大和十八届二中、三中、四中全会精神,确保各项任务落实到位。各个地区根据《中国制造 2025》总方案的主干内容,结合自身的区域特色和发展状况,也发布了自己的"中国制造 2025"行动纲要,加快深入落实制造业尤其是先进制造业的发展。

自 2015 年提出了"中国制造 2025"计划以来,我国确立了"三步走"实现"制造强国"的战略目标,并针对全球传统和新兴产业发展趋势,结合不同产业发展现状,合理制定了逐步提升制造业的方案,使中国在全球各产业的价值链地位全面提升。近些年来,根据"中国制造 2025"的精神,我国工业与信息部也出台了针对各行各业的相应政策性文件(表 3-1,表 3-2,表 3-3)。

表 3-1  2015 年"中国制造 2025"产业政策文件

| 时间 | 颁布机构 | 政策名称 | 核心内容 |
|---|---|---|---|
| 2015 年 5 月 19 日 | 国务院 | 《中国制造 2025》 | 突出先进制造和高端装备,提出了 9 大任务、10 大重点领域和 5 项重大工程 |
| 2015 年 9 月 30 日 | 工信部、发改委、交通部、质检总局、旅游局、民航局等六部委 | 《关于促进旅游装备制造业发展的实施意见》 | 以市场需求为导向,以重点装备为核心,明确了五项重点任务,有针对性地提出了五项政策措施 |

表 3-2  2016 年"中国制造 2025"产业政策文件

| 时间 | 颁布机构 | 政策名称 | 核心内容 |
|---|---|---|---|
| 2016 年 3 月 31 日 | 工信部 | 《智能制造试点示范 2016 专项行动实施方案》 | 智能转型注重关键技术的创新、智能体系的建立和 5 种新模式试点示范 |
| 2016 年 4 月 12 日 | 工信部 | 《工业强基 2016 专项行动实施方案》 | 着力探索完善工业强基工程的协同推进机制,做好重点产品和工艺示范应用公共服务平台建设等工作 |

续表

| 时间 | 颁布机构 | 政策名称 | 核心内容 |
|---|---|---|---|
| 2016 年 4 月 18 日 | 工信部 | 《绿色制造 2016 专项行动实施方案》 | 实施传统制造业绿色化改造、资源综合利用产业协同发展示范体系试点 |
| 2016 年 4 月 19 日 | 国务院办公厅 | 《贯彻实施质量发展纲要 2016 年行动计划》 | 以提高发展质量和效益为中心,开展质量品牌提升行动,加强供给侧结构性改革 |
| 2016 年 4 月 27 日 | 工信部、发改委、财政部 | 《机器人产业发展规划(2016—2020 年)》 | 推进重大标志性产品率先突破,推进工业机器人向中高端迈进,把关关键技术的质量 |
| 2016 年 6 月 21 日 | 发改委、工信部、能源局 | 《中国制造 2025——能源装备实施方案》 | 围绕安全、清洁、高效三个关键词确定了 15 个领域的能源装备发展任务的技术攻关、试验示范以及应用推广 |
| 2016 年 8 月 28 日 | 工信部 | 《关于完善制造业创新体系,推进制造业创新中心建设的指导意见》 | 开展产业前沿及共性关键技术研发;促进产学研协同创新、知识产权保护、科研转化;强化标准引领;鼓励开展国际合作 |
| 2016 年 9 月 21 日 | 工信部、发改委 | 《智能硬件产业创新发展专项行动(2016—2018 年)》 | 创新驱动提高产业核心竞争力,因地制宜促进产业链协调和区域间协同,引导产业高端集聚 |
| 2016 年 10 月 31 日 | 工信部 | 《产业技术创新能力发展规划(2016—2020 年)》 | 健全以企业为主体、市场为导向、政产学研用相结合的产业技术创新体系 |
| 2016 年 11 月 3 日 | 工信部 | 《信息化和工业化融合发展规划(2016—2020 年)》 | 推进信息化和工业化深度融合,加快新旧发展动能和生产体系转换,提高供给体系的质量效率层次 |
| 2016 年 12 月 8 日 | 工信部 | 《智能制造发展规划(2016—2020 年)》 | 智能转型注重关键技术的创新、智能体系的建立 |

表 3-3  2017 年"中国制造 2025"产业政策文件

| 时间 | 颁布机构 | 政策名称 | 核心内容 |
|---|---|---|---|
| 2017 年 1 月 17 日 | 工信部 | 《软件和信息技术服务业发展规划（2016—2020年）》 | 深入推进应用创新和融合发展，强化应用创新和商业模式创新 |
| 2017 年 1 月 17 日 | 工信部 | 《大数据产业发展规划（2016—2020 年）》 | 强化大数据技术产品研发及应用发展，加快实施国家大数据战略 |
| 2017 年 1 月 25 日 | 工信部、商务部、科技部 | 《关于加快推进再生资源产业发展的指导意见》 | 绿色化、循环化、协同化、高值化、专业化、集群化发展，进行重大试点示范 |
| 2017 年 2 月 24 日 | 工信部、发改委、工程院 | 《发展服务型制造专项行动指南》 | 从以加工组装为主向"制造＋服务"转型，强调提质增效，转型升级 |
| 2017 年 2 月 24 日 | 工信部、质检总局、国防科工局 | 《促进装备制造业质量品牌提升专项行动指南》 | 在夯实基础的前提下提高质量，结合品牌创新，推进品质革命，打造精品装备 |
| 2017 年 4 月 10 日 | 工信部 | 《云计算发展三年行动计划(2017—2019 年)》 | 以增强创新发展能力为主攻方向，推动我国云计算产业向高端化、国际化方向发展 |
| 2017 年 5 月 25 日 | 工信部 | 《工业节能与绿色标准化行动计划（2017—2019年）》 | 加大标准实施监督和能力建设，健全工业节能与绿色标准化工作体系 |
| 2017 年 7 月 10 日 | 工信部 | 《应急产业培育与发展行动计划(2017—2019 年)》 | 整合科技资源，提升应急科技创新能力，探索应急服务新模式新业态 |
| 2017 年 7 月 20 日 | 国务院 | 《新一代人工智能发展规划》 | 加快人工智能与经济、社会、国防深度融合，发展智能经济，建设智能社会 |

续表

| 时间 | 颁布机构 | 政策名称 | 核心内容 |
|---|---|---|---|
| 2017 年 8 月 14 日 | 工信部 | 《制造业"双创"平台培育三年行动计划》 | 依托"双创"平台,构建资源富集、开放共享、创新活跃、高效协同的"双创"新生态 |
| 2017 年 9 月 25 日 | 工信部 | 《工业电子商务发展三年行动计划》 | 提升行业供应链高效便捷、柔性智能、开放协同水平 |

综上所述,本章梳理的国内中国制造 2025 产业政策文件(包括第二节提到的《制造业人才发展规划指南》)共有 27 个。其中"1＋X"规划指南已经在 2017 年年初全部公布。"1"是指《中国制造 2025》1 个总指南,"X"是指 11 个配套的实施指南、行动指南和发展规划指南,包括国家制造业创新中心建设、工业强基、智能制造、绿色制造、高端装备创新五大工程实施指南,发展服务型制造和装备制造业质量品牌两个专项行动指南,以及新材料、信息产业、医药工业和制造业人才(《制造业人才发展规划指南》见第二节)4 个发展规划指南。我国编制"1＋X"规划体系的目的,是要通过加强政府引导,凝聚行业共识,汇集社会资源,围绕重点、破解难点,着力突破制造业发展的瓶颈短板,抢占未来竞争制高点。

除了"1＋X"这 11 个规划指南以外,信息与工业化部还出台了其他一系列产业型和任务型的规划指南和指导意见,即旅游装备制造业、机器人产业、能源装备、智能硬件产业、船舶工业、信息技术服务业、信息通信行业、大数据产业、再生能源产业和汽车动力电池产业10 个产业型发展规划指南,贯彻实施质量、产业技术创新能力、产业技术创新能力 3 个任务型发展规划指南,以及关于完善制造业创新体系推进制造业创新中心建设和关于推进工业文化发展两个指导意见。国家对这些行业和领域进行了 10 年的发展规划,为中国制造 2025 添砖加瓦。

## 3.2 面向"中国制造 2025"的人才政策:培养多元化、创新创业型工程师

我国正面临全球产业格局调整及经济发展环境变化对高等教育人才培养结构提出的挑战,制造业两化深度融合对工程人才培养体系提出的挑战,制造业强国对我国创新创业教育提出的挑战。为解决这一系列的人才缺口问题,我国成立了由各高校专家学者组成的工程技术人才培养研究小组,商议并提出了建立产业需求与人才培养的协调机制、完善工程技术人才培养结构、创新工程人才培养机制、强化产教融合的人才培养体系建设、优化更新工程技术人才培养资源并促进优质资源的开放共享、建立人才培养质量社会评价体系并构建工程教育质量持续改进机制等主要任务(《中国制造 2025》与工程技术人才培养研究课题组,2015)。除此之外,根据"中国制造 2025"计划,我国各相关部门在出台产业政策的同时,开展并实施各项人才政策(表 3-4)。

根据"中国制造 2025"各政策文件中整理出来的人才培养的相关政策和主要内容,以及天大行动中讨论得出的工程人才培养要求,我们总结得出以下五大要点。

工程实践能力。"中国制造 2025"多个文件中强调加强企业和高校的联系,以政产学研用相结合促进科技成果的转化。工程实践能力是指工程人才能够将自己所学习的理论知识和现实问题相联系,将知

识应用到工程实践的各个环节,解决现实工程问题的能力。

工程创业能力。面对各发达国家和地区新一轮的工业化改革,要求新时代的工程人才具备工程创业能力,在这个趋向智能化社会的时代实现"弯道超车"。工程创业能力是指从事与工程和技术的开发、生产和服务等相关领域创业活动的意向和能力。

表 3-4 "中国制造 2025"人才政策文件梳理

| 时间 | 颁布机构 | 政策名称 | 核心内容 |
|---|---|---|---|
| 2015 年 9 月 30 日 | 工信部、发改委、交通部、质检总局、旅游局、民航局等六部委 | 《关于促进旅游装备制造业发展的实施意见中国制造 2025》 | 鼓励本土企业同时引进国外高层次人才,加强国内外融合的人才培养 |
| 2016 年 8 月 28 日 | 工信部 | 《关于完善制造业创新体系,推进制造业创新中心建设的指导意见》 | 开展人才引进、人才培养、人才培训、人才交流,重点打造多层次人才队伍 |
| 2016 年 12 月 8 日 | 工信部 | 《智能制造发展规划(2016—2020 年)》 | 构建多层次人才队伍,健全人才培养机制。创新技术技能人才教育培训模式,促进企业和院校成为技术技能人才培养的"双主体" |
| 2017 年 1 月 23 日 | 工信部、发改委、科技部、财政部 | 《新材料产业发展指南》 | 优化新材料人才团队成长环境,培育优势企业与人才团队 |
| 2017 年 2 月 18 日 | 教育部 | 高等工程教育发展战略研讨会(复旦共识) | 新工科建设与发展的路径选择即高校发挥引领和支撑的作用,政府和社会力量大力支持 |
| 2017 年 2 月 24 日 | 工信部、质检总局、国防科工局 | 《促进装备制造业质量品牌提升专项行动指南》 | 健全质量和品牌人才的培养机制,即推进相关学科建设与提高企业员工素质两手抓 |

续表

| 时间 | 颁布机构 | 政策名称 | 核心内容 |
|---|---|---|---|
| 2017 年 2 月 24 日 | 教育部、人社部 | 《制造业人才发展规划指南》 | 重点提出五大重点人才工程,健全创新人才发展体制机制,进一步提高制造业人才队伍素质 |
| 2017 年 4 月 8 日 | 教育部 | 新工科建设研讨会(天大行动) | 对"新工科"人才培养具体模式和方法进行深入而详尽的讨论,提出了九大任务、十大重点领域和五项重大工程 |
| 2017 年 7 月 20 日 | 国务院 | 《新一代人工智能发展规划》 | 支持和培养具有发展潜力的人工智能领军人才,重视复合型人才培养,重点培养纵向复合型人才与横向复合型人才 |

数字化能力。在新的一轮工业革命中,可穿戴智能产品、智能家电、智能汽车等智能终端产品不断拓展制造业新领域,其发展更离不开对大数据等技术的应用。数字化能力是指具备一定的信息意识,能够识别信息的真伪,敏锐地捕捉并整合信息,灵活运用数字化资源、工具与平台将解决问题的过程自动化、系统化。

跨学科能力。新一轮的工业革命强调信息化和工业化相互融合,协同创新;新工科的诞生引起热议,"工科+"等多学科交叉领域已成为本次工业革命的重中之重。跨学科能力主要是指具备多学科的知识基础,培养情智一体协同的学习行为。

工程伦理能力。"中国制造 2025"对质量建设、品牌建设的高要求必然导致对工程伦理的高要求。工程伦理能力是指具备伦理意识、掌握工程伦理规范以及具备工程伦理判断能力。

# 3.3 面向"中国制造 2025"新需求的新一代工程师能力框架体系

如前所述,第四次工业革命和"中国制造 2025"的趋势对工程师能力有了新要求。在第四次工业革命背景下,实践型、创新型、复合型、国际视野型成为人才的关键素质,体现了对动手实践能力,创新和独立思维,跨学科多学科知识的获取以及了解国际环境等能力的重视。遵循国际上对工程师人才需求的大方向,并结合我国"中国制造 2025"的特色国情,我国对工程师能力同样总结出了五项要求:多层次复合型、高技能专有型、工程伦理高度认同型、应用性创新型以及国际视野型,即在国际上对工程师能力的普遍要求下加入了对高技能与工程伦理的格外强调(李良军等,2015;徐飞,2016;吴爱华,2017;陈以一,2014)。

自"卓越工程师"提出之后,我国学者对其应有能力做出汇总,一般认为"卓越工程师"在具备基础和专业知识、能力的基础上,还应具备验证指导及解决工程问题的能力,对职业道德及社会责任的了解,有效表达与交流的能力,学会终身学习的能力,应用各种技术和现代工程工具解决实际问题的能力等(陈德玲等,2009;夏亚莉等,2008)。张航、缪琳基于此建立了"卓越工程师"综合能力评价指标体系及各评价等级标准,体系中分为基本素质、专业能力和创新精神三个二级指标:基本素质包括思想道德素质、人文素质、身心素质、表达沟通能力;专业能力包括专业知识、专业操作技能、知识应用能力以及规划设计能力;创新精神包括创造性思维、解决问题能力、方案实施能力和团队协作能力。其中,身心素质和表达沟通能力在全体系中权重最高,体现了二者的重要性(张航等,2016)。

在"地方高校转型和新工科建设"的研讨会上,张进明提出新工科的核心使命就是培养伟大的工程师,其根本在于培养工程师卓越的能力,包括以下几种重要特质:1)批判性思维,这是一种怀疑的、刨根问底、审慎的心态,不盲从权威,不故步自封;2)自拓展的知识结构,即综合运用各学科知识的能力,具备非"它拓展"的知识结构,解决现实问题,满足了社会需求;3)技术理解力,即善于使用现代工具;4)设计思维,也是近年来斯坦福大学等国际一流大学兴起的工程教育理念之一,简言之就是在涉及的每个环节,包括同理心、定义、构思、原型、测试等步骤中秉持以人为本的思维,深刻理解"人";5)领导能力,既要有坚定意志力来激励团队,又要有宽广的包容力凝聚团队,善于与人合作、解决矛盾(张进明,2017)。

基于前述报告内容,本文认为,新一代工程师能力框架公式可以如下所示:

基础技能=硬技能+软技能

$$=(专业知识+专业能力)+(工程实践能力+沟通领导能力) \tag{1}$$

新一代技能=工程伦理+智能化应用能力+跨学科协同能力

$$+工程创业能力 \tag{2}$$

工程师能力=基础技能×新一代技能 (3)

在新一代工程师能力框架中,工程师能力有别于传统观念,不等于专业知识与能力,即硬技能(能力1.0),也不等于硬技能与工程实践、沟通领导能力等软技能的加总,即基础技能(能力2.0),而是基础技能与工程伦理、智能化应用、跨学科协同、工程创业能力等新一代技能的加权(能力3.0)。基础技能除硬技能外还有软技能,即工程实践能力与沟通领导能力,无论社会历史发生哪种变迁,这两种能力,尤其前者,都是工程师必备的素质。没有基础技能,所有其他的累积都是无效的。因此工程师首先要具备过硬的基础技能,才能在解决现实问题、满足社会需求过程中保证质量并得心应手。基础技能之上即为新一代技能,它是新一代工程师能力框架与传统工程师能力框架的区别所在。本文将其分为四个层次,分别为:工程伦理、智能化应用能力、跨学科协同能力以及工程创业能力。

表3-5 新一代工程师能力及其操作性定义

| 能力 | 操作性定义 |
| --- | --- |
| 软技能 | 主要包括工程实践能力和沟通领导能力等非专业能力在内的软能力 |
| 硬技能 | 主要包括基于学科的专业知识、专业能力等,专业能力具体包括专业操作技能、知识应用能力以及工程构思、设计、实施、操作能力 |
| 工程伦理 | 在个人道德、职业操守、生态伦理规律等方面有正确的认知,树立工业发展与生态环境共生发展的理念,职业道德与工程实践融为一体的概念 |
| 智能化应用 | 运用大数据、云平台、AI(人工智能)技术解决包括产品智能化、制造过程智能化、使用过程智能化在内的工业问题的能力 |
| 跨学科协同 | 各领域的交叉融合要求掌握知识的丰富性;促进手脑并用、知行合一、培养情智一体协同的学习行为 |
| 工程创业 | 包括掌握与工程和技术的开发、生产和服务等相关领域创业活动的意向和能力,关注工程技术和现代商业的结合,通过自身所具备的工程领导力发现和捕捉新的工程创业机会 |

工程伦理是应用于工程技艺的道德原则系统,是一种应用伦理。工程伦理审查与设定工程师对于专业、同事、雇主、客户、社会、政府、环境所应负担的责任(许震毅、陈昭荣,2013),工程师必须辨认清楚最高的价值是公众安全与福利。正如前言所述,中国结合自身国情与第

四次工业革命,有针对性地提出了"对工程伦理需具有高度认同感"(徐飞,2016)的特质,即注重价值塑造和人格养成,明确行业操守和职业素养,关切环境、关怀生命的责任心和慈悲心;对职业敬畏、对工作认真、对产品负责;具有客观理性、明辨是非的价值观,能正确洞悉科技作用,体现了工程伦理在我国新一代工程师培养过程中的重要地位。

工程师需要具备的另一种能力称为智能化应用能力。具体来讲,即能够运用大数据、云平台以及 AI(人工智能)等技术解决包括产品智能化、制造过程智能化以及使用过程智能化在内的工业问题的能力。在未来分布式制造领域的各装备制造业中,为了开发新产品,快速满足用户的多样化和个性化需求,提高产品质量和生产效率,除了需要大量具有某类学科知识的各级各类专门人才外,还需要具备并融会贯通多门学科知识的综合性骨干技术人才(李良军等,2015)。以 CPS 为基础、以智能化制造为形式是第四次工业革命的突出特征,因此电子信息技术和产业领域的高精尖人才是当下不可或缺的人物,打造一支素质优良、结构合理的高级人才队伍,是推进我国第四次工业革命的有力保证。这些人才必须是对某一项科技有深入的了解,处于该项技术的前沿,能迅速对该技术相关的需求做出技术性应答。

跨学科协同能力是在第四次工业革命背景下应运而生的关键能力。当下工业制造业已经从集中式控制转变为分散式增强型控制,是一个高度灵活的、集网络协同创新、设计研发为一体的个性化和数字化的产品与服务的生产模式,即分布式制造。信息技术为基础的行业结合带动了"多专长型"工程人才的大规模需求,单一行业知识的掌握并不能满足新工业革命下新兴能源产业、制造产业的迅速发展,在行业交叉领域的工程知识因学科内部的融合而变得密不可分。

工程的根本任务是将科技转化为生产力。面对发达国家和地区新一轮的工业化改革,新时代的工程人才必须具备工程创业能力,才能在这个趋向智能化社会的时代实现"弯道超车"。具体来讲,工程创业能力是指从事与工程和技术的开发、生产和服务等相关领域创业活动的意向和能力,广义而言,即工程师在大量的工程实践中发现新的工程问题,根据经济社会发展需要发现社会对产品、技术、工艺和装备等方面的新需求,以及由自身的理想和愿望形成新的工程目标,提出解决这些新问题、新需求或新目标的思路、方案、途径或手段,并通过创造性的工程实践活动解决这些工程问题,以研究、设计和开发出新的产品、技术、工艺和装备以及实现新的工程目标的能力。

基于上述内容,本章提出了基于"中国制造 2025"人才新需求的新一代工程师职业能力框架,如图 3-1 所示。

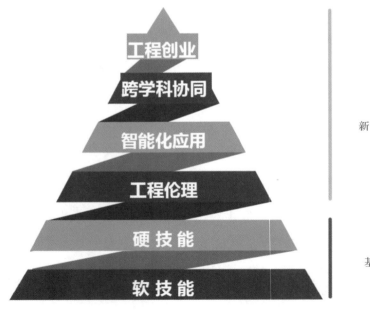

图 3-1  新一代工程师职业能力框架

## 3.4　本章小结

　　本章首先展现了在"中国制造 2025"背景下我国产业政策的演变趋势。我国着力建设国家制造业创新中心建设、工业强基、智能制造、绿色制造、高端装备创新五大工程,是为了在以智能化为引领的新一代工业革命中占有一席之地,重点发展新一代通信技术、大数据产业等基础建设。其次,相应地,本章梳理了和新一代产业需求相匹配的工程人才政策,以发展高层次、多层次工程人才为导向,从人才培养机制和人才培养环境两方面入手,突出工程人才团队及其品牌建设。同时提炼出"中国制造 2025"系列政策所体现的未来工程人才特点,强调工程实践能力、工程创业能力、数字化能力、跨学科能力、工程伦理能力等。最后,本章综合考量国际国内工程教育政策以及相关文献,提出新一代工程师能力框架,主要从软技能、硬技能、工程伦理能力、智能化应用能力、跨学科协同能力、工程创业能力六个维度加以阐释。

# 第二篇

## 新兴产业人才需求与工程教育范式变革典型案例

"中国制造 2025"计划明确提出以"两化融合"为主线,这对计算教育与传统工科教育的有机融合提出了新要求。同时,为支撑"中国制造 2025"发展,高等工程教育系统必须进行范式变革和组织创新。本篇通过我国高校学科专业布局应对"中国制造 2025"产业变化整体数据分析,总结了我国制造业重点领域人才需求,以及高校新兴工程学科专业的变化特征;通过智能化趋势和新工科范式的典型案例分析和路径探索,指出应以计算教育引领我国高等工程教育课程体系和教学模式变革,为支撑"中国制造 2025"培养智能化工程科技人才提供有益借鉴。

# 04 我国高校学科专业应对"中国制造2025"产业变化整体数据分析

当前,全球范围内正悄然兴起新一轮科技革命和产业变革,世界各国纷纷将发展制造业作为抢占未来竞争制高点的重要战略。面对这一重大历史机遇也是挑战,作为制造业大国的中国需要加快实施制造强国战略,由"制造"向"智造"转型升级,推动中国制造由大变强,《中国制造2025》应运而生。

而要建设制造业强国,关键在人才。当前,我国制造业人才不仅资源总量不足,而且结构矛盾突出,高端人才特别是高科技研发领军人才、高水平工程师和一线实务型技能人才存在较大缺口,远不能满足"中国制造2025"的人才需求。高校作为制造业人才培养的摇篮和科技研发的高地,应当成为实现"中国制造2025"宏伟蓝图的强力推进器。

本章结合《中国制造2025》和制造业十大重点领域人才需求,通过收集整理2014—2017年我国高校尤其是985重点高校的学科专业数据来分析2014—2017年我国高校学科专业的动态变化趋势,进而指出我国高校如何应对"中国制造 2025"产业变革的现实需求。

## 4.1　中国制造十大重点领域及人才需求

2015 年国务院发布的《中国制造 2025》是我国实施制造强国战略第一个十年的行动纲领,对我国制造业转型升级和跨越发展做了整体部署。而制造业覆盖面较广,为了确保用十年时间能够迈入制造强国行列,我国必须坚持整体推进、重点突破,因此《中国制造 2025》围绕经济社会发展和国家安全重大需求,选择了以十大优势和战略产业作为重点突破,主要有新一代信息技术、高档数控机床和机器人、航空航天装备、海洋工程装备及高技术船舶、先进轨道交通装备、节能与新能源汽车、电力装备、农机装备、新材料、生物医药及高性能医疗器械十大领域。随后,国家制造强国建设战略咨询委员会发布了《〈中国制造 2025〉重点领域技术路线图(2015 版)》,根据重点领域的发展趋势前瞻部署了 23 个优先发展方向,具体包括集成电路及专用设备、信息通信设备、操作系统与工业软件、智能制造核心信息设备、高档数控机床与基础制造装备、机器人、飞机、航空发动机、航空机载设备与系统、航天装备、海洋工程装备及高技术船舶、先进轨道交通装备、节能汽车、新能源汽车、智能网联汽车、发电装备、输变电装备、农业装备、先进基础材料、关键战略材料、前沿新材料、生物医药、高性能医疗器械等。

《中国制造 2025》十大重点领域及 23 个优先发展方向的提出,使得市场资源向有关产业集聚,进而引导制造业产业结构发生变化。与此同时,我国制造业对人才的需求在日益增长,而我国的人才缺口也在进一步扩大。根据中国教育科学研究院课题组的初步测算,除了信息技术以外,2014 年前后我国在高档数控机床和机器人(年度缺口 20 万人左右)、生物医药(年度缺口 5 万人左右)、农机装备(年度缺口 3 万人左右)、节能与新能源汽车(年度缺口 2.5 万人左右)、新材料(年度缺口 1.5 万人)、海洋装备(年度缺口 1 万人)、轨道交通(年度缺口 0.8 万人)、航空航天(0.5 万人)等多个领域存在着人才缺口,其中在高档数控机床和机器人这一领域缺口最大,十大重点领域年度人才总缺口粗略估计在 50 万人,如图 4-1 所示。在 2015 年之前,我国在制造业十大重点领域一直都存在着较大的新兴产业人才缺口。

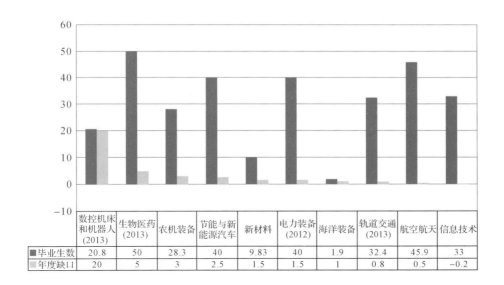

| | 数控机床和机器人 (2013) | 生物医药 (2013) | 农机装备 | 节能与新能源汽车 | 新材料 | 电力装备 (2012) | 海洋装备 | 轨道交通 (2013) | 航空航天 | 信息技术 |
|---|---|---|---|---|---|---|---|---|---|---|
| ■毕业生数 | 20.8 | 50 | 28.3 | 40 | 9.83 | 40 | 1.9 | 32.4 | 45.9 | 33 |
| □年度缺口 | 20 | 5 | 3 | 2.5 | 1.5 | 1.5 | 1 | 0.8 | 0.5 | −0.2 |

图 4-1  2014 年我国制造业十大重点领域人才供需现状(单位:万人)

资料来源:中国教育科学研究院"制造业十大重点领域多层次人才培养"课题组研究成果

此外,根据教育部、人力资源和社会保障部、工业和信息化部联合印发的《制造业人才发展规划指南》有关数据,如表 4-1 所示,到 2020 年,我国十大重点领域人才缺口将达 1913 万人,新一代信息技术产业

（缺口 750 万人）、电力装备（缺口 411 万人）、高档数控机床和机器人（缺口 300 万人）、新材料（缺口 300 万人）等领域将成为我国人才缺口较大的领域；到 2025 年，我国十大重点领域人才缺口将达 2986 万人，新一代信息技术产业人才缺口将达到 950 万人，电力装备的人才缺口也将达到 909 万人。由此可见，若不能及时满足十大重点领域对人才的需求，未来我国在这十大重点领域的人才缺口将不断扩大。

表 4-1　制造业十大重点领域人才需求预测　　（单位：万人）

| 序号 | 十大重点领域 | 2020 年 | | 2025 年 | |
|---|---|---|---|---|---|
| | | 人才总量预测 | 人才缺口预测 | 人才总量预测 | 人才缺口预测 |
| 1 | 新一代信息技术产业 | 1800.0 | 750.0 | 2000.0 | 950.0 |
| 2 | 高档数控机床和机器人 | 750.0 | 300.0 | 900.0 | 450.0 |
| 3 | 航空航天装备 | 68.9 | 19.8 | 96.6 | 47.5 |
| 4 | 海洋工程装备及高技术船舶 | 118.6 | 16.4 | 128.8 | 26.6 |
| 5 | 先进轨道交通装备 | 38.4 | 6.0 | 43.0 | 10.6 |
| 6 | 节能与新能源汽车 | 85.0 | 68.0 | 120.0 | 103.0 |
| 7 | 电力装备 | 1233.0 | 411.0 | 1731.0 | 909.0 |
| 8 | 农机装备 | 45.2 | 16.9 | 72.3 | 44.0 |
| 9 | 新材料 | 900.0 | 300.0 | 1000.0 | 400.0 |
| 10 | 生物医药及高性能医疗器械 | 80.0 | 25.0 | 100.0 | 45.0 |

资料来源：《制造业人才发展规划指南》。教育部、人力资源和社会保障部、工业和信息化部，2016 年。

## 4.2　高校学科专业变化特征

为了满足制造业日益增长的人才需求,进一步增强人才培养和产业需求的契合度,提高制造业人才供给能力,自 2015 年以来,我国高校为应对中国制造 2025 产业变化,主动布局十大重点领域相关专业,注重专业设置前瞻性,积极设置前沿和紧缺学科专业,着力健全学科专业设置随产业发展动态调整机制,加快了学科专业和战略新兴产业的对接。

### 4.2.1　十大重点领域相关专业布点数量多

截至 2016 年年底,战略性新兴产业相关新设工科本科专业达 22 种,累计布点 1401 个,以及高校设置的 IT 行业的电子信息类、自动化类和计算机类本科专业达 30 种,布点 5675 个,除辐射防护与核安全、环保设备工程、水声工程、建筑环境与能源应用工程、广播电视工程、数字媒体技术等专业与十大重点领域相关度不高,其他战略性新兴产业和 IT 行业相关专业都属于十大重点领域相关专业。根据表 4-2,可知目前我国高校与十大重点领域相关专业种类至少有 35 种,布点至少有 5760 个,这表明我国开设十大重点领域相关专业的院校较多,已经基本形成了完整的培养体系,十大重点领域的人才基本具备。

表 4-2　十大重点领域部分相关专业布点数汇总表

| 序号 | 十大重点领域（部分） | 专业 | 布点数 |
|---|---|---|---|
| 1 | 新一代信息技术产业 | 电子信息信息工程 | 675 |
| | | 通信工程 | 547 |
| | | 电子科学与技术 | 226 |
| | | 微电子科学与技术 | 94 |
| | | 光电信息科学与工程 | 241 |
| | | 信息工程 | 102 |
| | | 电子封装技术 | 9 |
| | | 集成电路设计与集成系统 | 30 |
| | | 电子信息科学与技术 | 313 |
| | | 计算机科学与技术 | 974 |
| | | 软件工程 | 561 |
| | | 网络工程 | 417 |
| | | 信息安全 | 98 |
| | | 物联网工程 | 466 |
| | | 智能科学与技术 | 31 |
| | | 电子与计算机工程 | 3 |
| | | 数据科学与大数据技术 | 3 |
| | | 网络空间安全 | 2 |
| | | 空间信息与数字技术 | 16 |
| 2 | 高档数控机床和机器人 | 机器人工程 | 1 |
| | | 自动化 | 478 |
| 3 | 航空航天装备 | 飞行器控制与信息工程 | 2 |
| | | 地理空间信息工程 | 1 |
| 4 | 海洋工程装备及高技术船舶 | 海洋工程与技术 | 5 |
| | | 海洋资源开发技术 | 10 |
| 5 | 先进轨道交通装备 | 轨道交通信号与控制 | 87 |
| 6 | 节能与新能源汽车 | 新能源科学与工程 | 87 |
| | | 能源化学工程 | 51 |
| | | 资源循环科学与工程 | 31 |
| 7 | 新材料 | 新能源材料与器件 | 52 |
| | | 功能材料 | 35 |
| | | 纳米材料与技术 | 10 |
| 8 | 生物医药及高性能医疗器械 | 生物制药 | 70 |
| | | 医学信息工程 | 32 |
| | 共计 | 34 | 5760 |

资料来源：整理吴爱华、侯永峰、杨秋波、郝杰的《加快发展和建设新工科主动适应和引领新经济》文中的有关数据绘制而成。

### 4.2.2 积极增设十大重点领域相关专业

2015 年以来,我国高校及时跟进制造业的发展状态,根据急需人才情况动态积极增设十大重点领域相关专业。

#### 4.2.2.1 普通高等院校增设本科专业

根据 2015 年度新增备案和审批本科专业的结果,我国共有 382 所高校新增 86 种十大重点领域相关专业(备案和审批)。其中,数据科学与大数据技术、生物医学科学、机器人工程、能源化学、网络空间安全、地理空间信息工程、飞行器控制与信息工程、材料设计科学与工程等 9 个专业是部分高校新设新专业,具体情况如表 4-3 所示,主要集中在新一代信息产业、生物医药及高性能医疗器械、航空航天装备、新材料这四大领域。新增专业分布状况见图 4-2 所示。

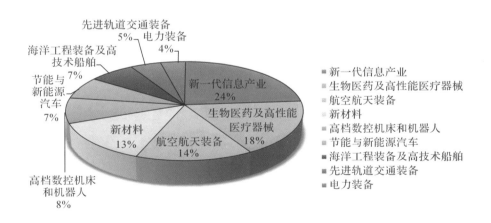

图 4-2 2015 年度我国高校新增专业板块分布

表 4-3　2015 年度我国高校新增十大重点领域专业情况统计表

| 序号 | 十大重点领域 | 专业种类数量 | 专业名称 |
| --- | --- | --- | --- |
| 1 | 新一代信息产业 | 20 | 电子科学与技术、电子信息工程、电子信息科学与技术、电子与计算机工程、计算机科学与技术、通信工程、网络工程、微电子科学与工程、物联网工程、信息工程、信息管理与信息系统、信息与计算科学、智能科学与技术、光电信息科学、软件工程、集成电路设计与集成系统、空间信息与数字技术、数据科学与大数据技术（新专业）、网络空间安全（新专业）、信息安全 |
| 2 | 生物医药及高性能医疗器械 | 15 | 生物工程、生物技术、化学工程与工业生物工程、生物科学、生物信息学、生物医学工程、生物制药、药物制剂、医学信息工程、生物医学科学（新专业）、制药工程、中药学、中药资源与开发、临床药学、药学 |
| 3 | 航空航天装备 | 12 | 导航工程、地理信息科学、地理科学、地球信息科学与技术、飞行器设计与工程、飞行器适航技术、飞行器制造工程、飞行器质量与可靠性、航空航天工程、遥感科学与技术、地理空间信息工程（新专业）、飞行器控制与信息工程（新专业） |
| 4 | 新材料 | 11 | 材料成型及控制工程、材料化学、材料科学与工程、材料物理、粉体材料科学与工程、复合材料与工程、高分子材料与工程、功能材料、金属材料工程、新能源材料与器件、材料设计科学与工程（新专业） |
| 5 | 高档数控机床和机器人 | 7 | 过程装备与控制工程、机械电子工程、机械工程、机械工艺技术、机械设计制造及其自动化、自动化、机器人工程（新专业） |

续表

| 序号 | 十大重点领域 | 专业种类数量 | 专业名称 |
|---|---|---|---|
| 6 | 海洋工程装备及高技术船舶 | 6 | 船舶与海洋工程、港口航道与海岸工程、海洋科学、海洋资源开发技术、海洋资源与环境、船舶电子电气工程 |
| 7 | 节能与新能源汽车 | 6 | 车辆工程、能源化学工程、能源与动力工程、能源与环境系统工程、新能源科学与工程、能源化学（新专业） |
| 8 | 先进轨道交通装备 | 4 | 轨道交通信号与控制、交通工程、交通设备与控制工程、铁道工程 |
| 9 | 电力装备 | 3 | 电气工程及其自动化、电气工程及智能控制、智能电网信息工程 |
| 10 | 农机装备 | 2 | 农业机械化及其自动化、设施农业科学与工程 |

　　根据 2016 年度新增备案和审批本科专业的结果，我国共有 404 所高校新增 85 种十大重点领域相关专业（备案和审批），具体情况如表 4-4 所示，新增专业同样也主要集中在新一代信息产业、生物医药及高性能医疗器械、航空航天装备、新材料这四大领域，分布状况见图 4-3。

表 4-4　2016 年度我国高校新增十大重点领域专业情况统计表

| 十大重点领域 | 专业种类数量 | 专业 |
|---|---|---|
| 新一代信息产业 | 20 | 电子封装技术、电子科学与技术、电子信息工程、电子与计算机工程、光电信息科学与工程、计算机科学与技术、集成电路及集成系统、数据科学与大数据技术、微电子科学与工程、信息工程、信息管理与信息系统、信息与计算科学、智能科学与技术、通信工程、网络工程、物联网工程、软件工程、网络空间安全、信息安全、空间信息与数字技术 |

续表

| 十大重点领域 | 专业种类数量 | 专业 |
|---|---|---|
| 生物医药及高性能医疗器械 | 16 | 化学生物学、生物工程、生物技术、生物科学、生物信息学、生物医学工程、生物制药、药物化学、药学、医学信息工程、制药工程、中药学、中药制药、中药资源与开发、临床药学、生物医学科学 |
| 航空航天装备 | 11 | 地理科学、地理空间信息工程、地理信息科学、飞行器动力工程、飞行器控制与信息工程、飞行器设计与工程、飞行器适航技术、飞行器制造工程、导航工程、空间科学与技术、遥感科学与技术 |
| 新材料 | 11 | 材料成型及控制工程、材料化学、材料科学与工程、粉体材料科学与工程、复合材料与工程、高分子材料与工程、功能材料、金属材料工程、无机非金属材料工程、新能源材料与器件、材料设计科学与工程 |
| 海洋工程装备及高技术船舶 | 7 | 海洋科学、海洋资源开发技术、海洋资源与环境、港口航道与海岸工程、船舶与海洋工程、船舶电子电气工程、轮机工程 |
| 高档数控机床和机器人 | 7 | 过程装备与控制工程、机器人工程、机械工程、机械工艺技术、机械设计制造及其自动化、自动化、机械电子工程 |
| 节能与新能源汽车 | 6 | 车辆工程、能源化学、能源化学工程、能源与动力工程、能源与环境系统工程、新能源科学与工程 |
| 先进轨道交通装备 | 3 | 轨道交通信号与控制、交通工程、铁道工程 |
| 电力装备 | 2 | 电气工程及其自动化、电气工程与智能控制 |
| 农机装备 | 2 | 农业工程、设施农业科学与工程 |

综上,2015、2016 年度我国均有近 400 所高校新增近 90 种十大重点领域相关专业,主要集中在新一代信息产业、生物医药及高性能医疗器械、航空航天装备、新材料这四大领域,可见我国高校为应对中国制造 2025 带来的产业变化积极增设本科专业。

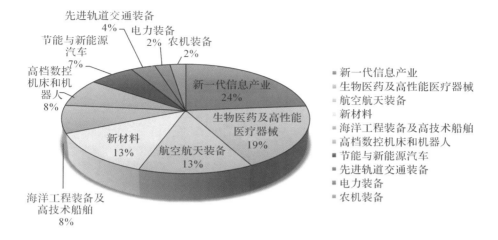

图 4-3　2016 年度我国高校新增专业板块分布

#### 4.2.2.2 高职院校增设专业

为了适应先进制造业发展需要,一些职业院校也主动向教育部提交增补专业建议。2015 年,教育部回应职业院校的诉求,首次对高职(专科)专业目录及其专业设置管理办法进行修订,将原"制造大类"更名为"装备制造大类",增设"铁道装备""船舶与海洋工程装备""航空装备"等专业类,设置了"工业机器人技术""物联网应用技术""物联网工程技术""智能产品开发""新能源汽车技术"等专业,设置了"智能交通技术运用""云计算技术与应用"等专业,列举了"航空产品 3D 打印""三网融合技术""智能家居开发""大数据技术应用""网络数据分析应用""车联网应用技术"等专业方向。此外,教育部还于 2016、2017 年增补了与十大重点领域相关的专业,如表 4-5 所示。

高职专业目录的修改既是反映了高职院校对中国制造 2025 带来的产业变化的积极应对,也引导了更多高职院校设置十大重点领域相关专业,推动职业教育与经济社会发展实际相吻合,更好地服务社会主义现代化建设。

表 4-5 高职院校专业目录调整情况表

| 时间 | 专业目录调整情况 | | | |
|---|---|---|---|---|
| 2015 年 | 1. 专业大类调整：将原"制造大类"更名为"装备制造大类"。 | 2. 专业类调整：增设"铁道装备""船舶与海洋工程装备""航空装备"等专业类。 | 3. 专业调整：设置了"智能交通技术运用""云计算技术与应用"等专业。 | 4. 专业方向调整："航空产品 3D 打印""三网融合技术""智能家居开发""大数据技术应用""网络数据分析应用""车联网应用技术"等专业方向。 |
| 2016 年 | 增补"大数据技术与应用"专业 | | | |
| 2017 年 | 增补"化学制药技术""生物制药技术""中药制药技术""药物制剂技术"专业 | | | |

### 4.2.3 本科招生计划向十大重点领域倾斜

通过梳理 2015、2016、2017 年我国 39 所 985 工程高校的招生计划，可以发现自 2015 年以来，39 所 985 工程高校中有 23 所高校共新增和调整了 27 个与制造业十大重点领域相关的本科招生专业，并且在这些专业投放了一定的招生计划。而在这 27 个专业当中，新增机器人工程、飞行器控制与信息工程专业的院校个数较多，专业所对应的领域则主要集中于新一代信息技术产业、高档数控机床和机器人、航空航天装备、新材料、生物医药及高性能医疗器械这五大制造业领域，参见表 4-6。

此外，本科十大重点领域招生专业数量也呈上升趋势。结合 2014、2015、2016 年度普通高等学校本科专业备案和审批结果以及 2015、2016、2017 年我国 38 所 985 工程高校的本科招生专业目录来看，北京航空航天大学、中南大学、西北工业大学、浙江大学等具有工科优势高校的本科招生专业多为十大重点领域专业,具体情况如表4-7所示。

表 4-6 2015—2017 年 985 高校新增十大重点领域相关招生专业

| 学校 | 2015—2017 年新增本科招生专业 | 十大重点领域 |
|---|---|---|
| 清华大学 | 交通工程 | 先进轨道交通设备 |
| 北京大学 | 通信工程 | 新一代信息技术产业 |
| | 能源与环境系统工程(由原来的能源与资源工程专业调整而来) | 节能与新能源汽车 |
| 浙江大学 | 微电子科学与工程 | 新一代信息技术产业 |
| | 信息安全 | 新一代信息技术产业 |
| | 交通工程 | 先进轨道交通装备 |
| | 电子与计算机工程 | 新一代信息技术产业 |
| 中国人民大学 | 数据科学与大数据专业 | 新一代信息技术产业 |
| 天津大学 | 生物工程(合成生物学) | 生物医药及高性能医疗器械 |
| | 海洋技术 | 海洋工程装备及高技术船舶 |
| 华中科技大学 | 飞行器设计与工程 | 航空航天设备 |
| 四川大学 | 飞行器控制与信息工程 | 航空航天设备 |
| | 航空航天工程 | 航空航天设备 |
| | 网络空间安全 | 新一代信息技术产业 |
| 北京航空航天大学 | 空间科学与技术 | 航空航天装备 |
| | 飞行器控制与信息工程 | 航空航天装备 |
| | 分子科学与工程 | 新材料 |
| | 无人驾驶航空器系统工程 | 航空航天装备 |
| 湖南大学 | 机器人工程专业 | 高档数控机床和机器人 |
| 东南大学 | 机器人工程 | 高档数控机床和机器人 |
| 厦门大学 | 能源化学 | 节能与新能源汽车 |
| | 网络空间安全 | 新一代信息技术产业 |
| | 飞行器设计与工程 | 航空航天装备 |
| 吉林大学 | 生物制药(由制药工程专业调整设置的) | 生物医药及高性能医疗器械 |
| 北京理工大学 | 电子科学与技术 | 新一代信息技术产业 |
| 中南大学 | 铁道工程 | 先进轨道交通装备 |
| 东北大学 | 机器人工程专业 | 高档数控机床和机器人 |

续表

| 学校 | 2015—2017 年新增本科招生专业 | 十大重点领域 |
|---|---|---|
| 中国海洋大学 | 材料科学与工程（由原来的材料化学专业改名而来） | 新材料 |
| | 轮机工程（2015 年恢复招生） | 海洋工程装备及高技术船舶 |
| 西北农林科技大学 | 化学生物学 | 生物医药及高性能医疗器械 |
| 华南理工大学 | 材料化学 | 新材料 |
| 大连理工大学 | 化学工程与工业生物工程 | 生物医药及高性能医疗器械 |
| 重庆大学 | 航空航天工程 | 航空航天设备 |
| 电子科技大学 | 自动化（智能制造实验班）专业 | 高档数控机床和机器人 |
| 电子科技大学 | 数据科学与大数据技术专业 | 新一代信息技术产业 |
| 西北工业大学 | 飞行器控制与信息工程 | 航空航天设备 |
| | 船舶与海洋工程 | 海洋工程装备及高技术船舶 |
| 中央民族大学 | 物联网工程 | 新一代信息技术产业 |

表 4-7　2014—2017 年我国 985 高校与十大重点领域相关本科专业统计表

| 学校 | 2014 年 | 2015 年 | 2016 年 | 2017 年 |
|---|---|---|---|---|
| 北京航空航天大学 | 35 | 35 | 35 | 38 |
| 中南大学 | 33 | 34 | 35 | 35 |
| 西北工业大学 | 32 | 32 | 34 | 34 |
| 浙江大学 | 29 | 30 | 33 | 33 |
| 四川大学 | 30 | 30 | 33 | 33 |
| 哈尔滨工业大学 | 31 | 31 | 31 | 31 |
| 山东大学 | 31 | 31 | 31 | 31 |
| 吉林大学 | 31 | 31 | 31 | 31 |
| 北京理工大学 | 29 | 29 | 30 | 30 |
| 华南理工大学 | 29 | 29 | 29 | 30 |
| 大连理工大学 | 29 | 30 | 30 | 30 |
| 厦门大学 | 26 | 27 | 29 | 29 |
| 重庆大学 | 26 | 26 | 26 | 27 |
| 武汉大学 | 27 | 27 | 26 | 26 |
| 华中科技大学 | 25 | 25 | 26 | 26 |
| 天津大学 | 24 | 25 | 25 | 26 |

续表

| 学校 | 2014 年 | 2015 年 | 2016 年 | 2017 年 |
|---|---|---|---|---|
| 电子科技大学 | 22 | 22 | 23 | 25 |
| 中山大学 | 24 | 24 | 24 | 24 |
| 清华大学 | 22 | 22 | 22 | 23 |
| 中国海洋大学 | 23 | 23 | 23 | 23 |
| 东北大学 | 21 | 21 | 21 | 23 |
| 北京大学 | 19 | 20 | 20 | 20 |
| 东南大学 | 19 | 19 | 20 | 20 |
| 西安交通大学 | 20 | 20 | 20 | 20 |
| 复旦大学 | 18 | 18 | 18 | 19 |
| 上海交通大学 | 19 | 19 | 19 | 19 |
| 同济大学 | 19 | 19 | 19 | 19 |
| 湖南大学 | 18 | 18 | 18 | 19 |
| 南京大学 | 18 | 18 | 18 | 18 |
| 西北农林科技大学 | 17 | 17 | 17 | 18 |
| 国防科技大学 | 18 | 18 | 18 | 18 |
| 南开大学 | 16 | 16 | 16 | 16 |
| 中国农业大学 | 16 | 16 | 16 | 16 |
| 中国科学技术大学 | 15 | 15 | 15 | 15 |
| 兰州大学 | 15 | 15 | 15 | 15 |
| 华东师范大学 | 13 | 13 | 13 | 13 |
| 中央民族大学 | 10 | 11 | 11 | 11 |
| 中国人民大学 | 3 | 3 | 3 | 4 |
| 北京师范大学 | 4 | 4 | 4 | 4 |

经过粗略的统计,2014 年 39 所 985 工程高校共有与十大重点领域有关的本科专业约 856 个,2015 年约有 863 个,2016 年约有 876 个,2017 年约有 892 个,可见我国 39 所高校与制造业十大领域有关的本科专业数量整体上逐渐增多,且自 2015—2017 年的上升趋势较

2014 年更为明显，如图 4-4 所示。而《中国制造 2025》出台的时间也正好是 2015 年，这在一定程度上说明高校的专业设置受到了中国制造带来的产业变化的影响。

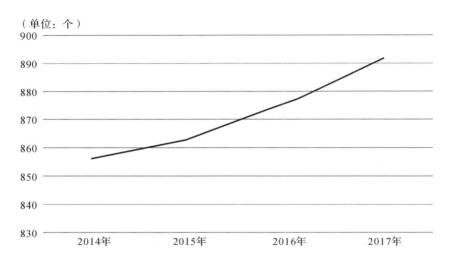

图 4-4　我国 985 高校与十大重点领域相关的本科专业数量趋势

## 4.3　本章小结

《中国制造 2025》选择了新一代信息通信技术产业、高档数控机床和机器人、航空航天装备、海洋工程装备及高技术船舶、先进轨道交通装备、节能与新能源汽车、电力装备、农业装备、新材料、生物医药及高性能医疗器械这十大优势和战略产业来实现重点突破。但是一直以来，我国在这十大重点领域的人才缺口较大，2014 年人才总缺口粗略估计在 50 万人左右，且若我国人才培养不能及时满足"中国制造 2025"对人才的需求，这一缺口在 2020 年甚至 2025 年将进一步扩大。

我国高校不断健全专业随产业发展动态调整的机制,以应对"中国制造 2025"带来的产业变化,主要表现在以下三方面:第一,十大重点领域专业布点数量多,截至 2016 年年底,我国十大重点领域专业布点数量至少有 5760 个,这表明开设十大重点领域相关专业的院校较多,已经基本形成了完整的培养体系,十大重点领域的人才基本具备;第二,我国高校积极增设十大重点领域专业,从普通高等院校增设本科专业情况来看,2015 年度我国共有 382 所高校新增 86 种十大重点领域相关专业(备案和审批),2016 年度我国共有 404 所高校新增 85 种十大重点领域相关专业(备案和审批),从普通高职院校增设专业情况来看,教育部考虑到普通高职院校应对先进制药业需要的诉求于 2015 年对高职(专科)专业目录及其专业设置管理办法进行修订,并于 2016、2017 年增补了与十大重点领域相关的专业;第三,本科招生向十大重点领域倾斜,2014 年 39 所 985 工程高校共有与十大重点领域有关的本科专业约 856 个,2015 年约有 863 个,2016 年约有 876 个,2017 年约有 892 个,可见我国 39 所 985 工程高校与制造业十大领域有关的本科专业数量整体上逐渐增多,且 2015—2017 年的上升趋势较 2014 年更为明显。

本章通过分析 2014—2017 年布点数、新增专业数、本科专业招生计划相关数据和趋势,发现自 2015 年以来,我国高校主动积极地调整学科专业,以更好地与产业衔接,为"中国制造 2025"十大重点领域的发展提供人才支撑。

# 05 智能化趋势：计算教育引领工程教育变革

　　以"机械化、电气化、信息化"为代表的三次工业革命都曾深刻、全面地影响和改变了人类生产和生活方式，塑造了全新的社会形态；伴随着人工智能、物联网、大数据、云计算、量子理论等前沿理论和全新工程技术的深度开发和广泛应用，人类社会正在步入智能化阶段，并且已明显呈现出模拟、共享、计算、智能决策等智能化发展趋势及社会特征。《新一代人工智能发展规划》指出，当前新一代人工智能相关学科发展、理论建模、技术创新、软硬件升级等整体推进，正在引发链式突破，推动经济社会各领域从数字化、网络化向智能化加速跃升。[①]

　　《中国制造2025》明确提出，"制造业是国民经济的主体，是立国之本、兴国之器、强国之基"。当前随着新兴信息技术的产生和应用，传统的生产方式和商业模式正在不可避免地发生着变化。新一代信息技术与制造业深度融合，正在引发影响深远的产业变革，形成新的生产方式、产

---

① 国务院.新一代人工智能发展规划[R].北京.2017.

业形态、商业模式和经济增长点。在此背景之下，各国都在加大科技创新力度，推动 3D 打印、移动互联网、云计算、大数据、生物工程、新能源、新材料等领域取得新突破。《中国制造 2025》报告明确提出确立制造业创新中心（工业技术研究基地）建设工程、智能制造工程、工业强基工程、绿色制造工程、高端装备创新工程五大重点工程，并提出十大重点领域，其中包括新一代信息技术产业、高档数控机床和机器人等领域，这些重点工程和领域对工程人才计算能力和计算思维提出了更高层次的要求。

由《中国制造 2025》报告对制造业重点领域的人才需求预测可见，在新一代信息技术产业、高档数控机床和机器人等要求信息技术、人工智能、机械制造领域相结合的产业中，至 2025 年人才缺口预计达到 1400 万人；在新材料、生物医药等要求工程人员掌握计算知识和技能的前沿领域，预测至 2025 年人才缺口达 450 万人；而产业迫切需要转型升级的电力装备和农机装备产业，人才缺口近 1000 万人。两化融合作为"中国制造 2025"的主线，在新的技术环境和制造业发展趋势下，对所有这些领域的人才储备和人才培养提出了更高的要求，着重强调工程人才计算素质和能力的提升是工程教育的大势所趋也是必由之路。

计算教育起源于使用计算机解决问题、计算机理论和计算机发展的计算学科。自 20 世纪 60 年代开始，计算教育就已经成为一个活跃的研究领域。其间计算教育研究的关注点，主要集中在美国计算机协会计算机科学教育特别兴趣组（SIGCSE）会议和计算机科学教育创新与技术（ITiCSE）会议上。研究者分析了从 1984 到 2004 年在 SIGCSE 研讨会上发表的文章，提出计算教育包含描述新的工具以支持教学和学习者,介绍新的学习方法,以及在课堂上应用多样化的工具或教学方法(Valentine,2004)。培养运用计算思维解决实际问题也是计算教育的基本内涵。计算思维是运用一种方法,利用计算的基础概念,以解决问题、设计系统和理解人类行为(Wing,2006)。伴随全球数字化、信息化、智能化的发展趋势,综合已有的研究,本研究提出计算教育是致力于培养学生建立计算思维,并掌握计算领域的理论知识和实践方法以解决实际问题的系统,在学科组成上主要包含计算机工程、计算机科学、软件工程、信息系统和信息技术等领域。

当前全球掀起人工智能发展浪潮,而"计算"则贯穿在人工智能所包含的运算智能、感知智能和认知智能的各个方面,在计算机视觉、机器学习、自然语言处理、机器人和语音识别等人工智能关键技术领域,均要求计算机工程、计算机科学、信息技术等知识和技术的支持,因此人工智能领域的可持续发展对优质的计算教育提出了要求,计算教育为人工智能的发展奠定了基础。

## 5.1 计算教育核心模块发展

来自世界各地的专家与对计算感兴趣的人一起已经形成了相关专业组织,学科包含计算机工程(CE),计算机科学(CS),软件工程(SE),信息系统(IS)和信息技术(IT)(Freeman & Aspray,1999)。这些专家组织定义了关于计算机的知识主体,其已经作为模式课程形成和塑造。

基于学术人员的兴趣,大学中计算作为科学来自数学、管理和工程,计算研究源自这些相关学科。商用计算机首先被应用于会计部门以追踪应收账款和应付账款,这些应用要求大学关注于计算科学在管理控制和会计中的应用;数学家发现编程的算法和逻辑的本质是数学的复兴;电气工程有必要建构计算机的硬件部分。从学术的视角计算或许源自商业部门关注信息系统;数学部门关注软件;电气工程关注计算机工程。这些不同的来源已经带来了学术界在工程和商业计算之间和不同模块课程之间计算的分离。

在工程领域,针对不同学科的计算教育可能也各有不同。尽管如此,仍然有基础理论和共同技术核心存在于模块课程中(如图 5-1 所示)。为识别这一共同核心,最大的专家组织美国计算机协会(Association for Computing Machinery,ACM)等已经开始了计算学科模块课程的建构,提出了包括算法、编程、操作系统等在内的 18 项课程,作为模块课程体系中的关键领域;ICF-2000 提出了信息模型、算法等 12 项信息学核心能力课程;Career Space 联合会提出一个基于 13 项技能的课程模块;意大利计算机科学大学教授协会(GRIN)已经发展所有课程建议。总体而言,ICF-2000 是一个课程模型的框架,其使用 ACM/IEEE-CS 模型课程或者他们的前身。GRIN 也源自 ACM/IEEE-CS,而 CSP 技能由联盟团体决定。如表 5-1所示,尽管不是特

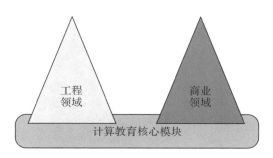

图 5-1    工程计算和商业计算

意为计算项目设计的,CDIO 的通用原则能够被采用。

表 5-1　计算课程模型对比①

| ACM/IEEE-CS | ICF-2000 主题 | CSP 技能 | GRIN 领域 | CDIO 大纲 |
|---|---|---|---|---|
| 算法 | 算法,计算和相关技术的潜力和局限 | / | 算法 | 核心工程基础知识 |
| 架构 | 计算系统和结构,信息表征 | 数字设计 | 计算机功能结构 | 核心工程基础知识 |
| 商业基础 | 更广泛的视角和背景 | / | / | 企业和商业背景 |
| 数据库 | / | / | 数据库管理和系统 | 高级工程基础知识 |
| 硬件系统工程 | / | 数字信号应用,射频工程 | / | 设计和工程系统 |
| 人机界面/交互 | / | / | 人机交互 | 高级工程基础知识 |
| 智能系统 | / | / | 知识表征 | 高级工程基础知识 |
| 人际技能 | 人际技能 | / | / | 团队合作和沟通 |
| 数学 | / | / | / | 基础科学知识 |
| 网络 | 基于计算机的沟通 | 数据沟通工程沟通网络设计 | 网络计算 | 高级工程基础知识 |

作为一个工程教育框架,CDIO 是一项提升世界范围内工程教育的努力,强调构思、设计、实现和运作,其开始于麻省理工学院。CDIO 由工程大学和产业联盟开发作为一个课程计划和产出评估的框架。该框架以现代基于小组的环境为基础,关注于构思、设计、实现和运作

① Scime A. Globalized computing education:Europe and the United States[J]. Computer Science Education,2008,18(1):43-64.

复杂的有附加价值的工程系统。

CDIO框架被认为是工程教育的要求文件，包含计算的内容。其包含基础技术知识、科学和工程中的推理、个人和专业技能、人际技能，以及在工程毕业生需要的企业和社会背景下的构思、设计、实现和运作。由于CDIO框架为通用项目设计，基础技术知识和推理的细节留给了特定的项目。

CDIO计算课程模型通过提出通用的工程教育框架，整合了已有研究提出的四个计算教育课程模型，从工程教育的视角提出计算教育应当涵盖的领域和方向。

综合计算教育课程模块的发展历程，计算教育核心模块的发展呈现出如下两个主要趋势。

（1）课程体系框架整体化的趋势。

ACM/IEEE-CS模式定义和区分了计算的五个学科，该模式提供了对于特定学科的不同的强调；ICF-2000是一个基本和基础深厚的课程主题的集合，提供了覆盖信息学领域核心的课程设计；CSP指导原则提供了信息和通信技术课程中需要的学习产出和能力的产业模型，强调技术工程（硬件）和信息学技术（软件）的坚实的基础；GRIN主要注重计算的软件方面。在这些模块的基础上，CDIO框架被认为是工程教育的要求文件，包含计算的内容。作为通用项目设计，CDIO框架整合了已有的计算教育模式的内容和特点，将计算教育各个领域的课程设计成为一个整体，进一步明确计算教育的内涵和框架（表5-2）。

表 5-2　CDIO 大纲分类和课程模块

| CDIO 大纲 | 包含课程模块 |
|---|---|
| 核心工程基础知识 | 算法、计算和相关技术的潜力和局限、计算机功能结构、数字设计、架构、计算系统和结构、信息表征、操作系统、编程、信息处理形式、软件应用于开发、计算机语言 |
| 高级工程基础知识 | 数据库、数据库管理系统、人机交互、智能系统、知识表达、网络、基于计算机的交流、数据沟通工程、沟通网络设计、网络计算 |
| 设计和工程系统 | 硬件系统工程、数字信号应用、射频工程、产品设计 |
| 基础科学知识 | 数学 |
| 企业和商业背景 | 商业基础，更广泛的视角和背景 |
| 团队合作和沟通 | 人际技能 |
| 专业技能和属性 | 安全、社会和专业、社会和伦理的影响 |

（2）计算教育中软硬件结合的趋势。

伴随着软件在电子工程时代下的研究，产业正在寻求硬技能与软技能的整合。ACM/IEEE-CS 模式在硬件方面有特定的模型，并且要求面向软件产业的要求增加软技能，将这些软技能包含在计算教育中的意图是将他们与计算技术（硬件）技能混合起来。CSP 模型也尝试结合软件和硬件。软硬件加速融合是当前工程领域和计算产业的要求和趋势，在计算教育中的重要地位也日益凸显。

## 5.2　计算教育模式典型实践

《制造业人才发展规划指南》明确提出提升制造业人才关键能力和素质，要求大力培养工匠精神、注重创新能力培养、增强信息技术应用能力、提升绿色制造技术技能水平以及提高全员质量素质，其中在"增强信息技术应用能力"中指出："强化企业专业技术人员和经营管理人员在研发、生产、管理、营销、维护等核心环节的信息技术应用能力,提高生产一线职工对工业机器人、智能生产线的操作使用能力和系统维护能力。加强面向先进制造业的信息技术应用人才培养,在相关专业教学中强化数字化设计、智能制造、信息管理、电子商务等方面内容。"

本研究结合"中国制造 2025"的政策背景和技术发展趋势,在梳理计算教育发展框架的基础上,选取国内外计算教育的实践典型案例,尝试从不同的培养模式中提炼出计算教育的培养路径,为新形势下计算教育引领工程教育变革提供方向和借鉴。本章通过对国内外计算教育案例的深入分析,从计算教育的目标导向(基础研究、产业需求)和计算教育的实现路径(整合化、专业化)两个维度,分析已有的计算教育模式,探索可能的计算人才培养路径,提炼总结计算人才培养模式,为我国计算人才培养和工程教育范式变革提供借鉴。

### 5.2.1　北京邮电大学：以计算基础课程为核心的专业化培养模式

#### 5.2.1.1　北邮智能科学与技术专业背景分析

伴随着信息网络和机器人的普及应用和迅猛发展,智能科学与技术专业在众多行业都具有极大的人才需求,因而受到教育部和国内各个高校的广泛重视。从全国专业设置情况来看:该专业由北京大学于2004 年开办;北京邮电大学于 2004 年提出申请,2005 年该专业获批,2006 年北邮开始正式招生。我国高校中该专业发展比较慢,截至2016 年,全国共有 30 所高校设置该专业,2017 年新增 7 所。

北京邮电大学智能科学与技术专业是教育部首批批准、具有广阔前景和巨大需求的新专业。旨在培养具有信息领域基础知识,掌握智能科学专业知识和综合技能的高级复合型人才。由于北邮的该专业是在信息工程学院的基础上创办的,因而背景比较偏向智能信息处理方向,专业的定位瞄准两个方向:其一,在网络上的基于内容的处理;其二,智能交互,智能人机交互是面向机器人的人机交互。北邮实行大类贯通的培养方式,强调综合性的实践环节,其智能科学与技术专业集中于信息技术处理和智能人机交互的研究领域,课程设置和实践环节设置较多,注重视觉、语言信息处理和人机交互的课程设置。

该专业为学生培养计算相关的基础能力,以使学生准备好在进入工作领域后具备掌握和持续学习计算相关知识和技能的能力。毕业生可在信息产业、工业企业、电子政务、电子商务、文化教育、医疗卫生、国防等各个领域从事各类信息分析、计算机应用、智能化设计与开发等工作,也可以报考与智能科学技术相关的研究生专业。

### 5.2.1.2 计算教育人才培养

(1)该专业毕业生应获得以下几方面的知识和能力。

具有扎实的自然科学基础、较好的人文社会科学基础和外语综合应用能力:

● 掌握脑与认知科学、智能科学、计算机科学、信息科学、现代科学方法学的基础理论知识;

● 掌握人工智能、计算机、信息处理、信息网络、系统优化的应用技能;

● 具有分析、设计、制造、集成、测试智能系统和智能产品的能力;

● 掌握文献检索和资料查询的方法,了解智能科学技术发展的新动向和新技术;

- 了解和初步掌握信息产业的方针、政策、法规和发展规划；
- 具有较强的自学和适应新环境新需求的发展能力。

（2）专业课程体系设置。

明确的培养计划和课程体系，包含平台课程、专业核心课程、专业课及综合工程训练三个部分，包含学校公共课程群和创新实践与课外活动（表5-3）。

表5-3　智能科学与技术专业部分主要课程

| 课程类 | 课程子类 | 课程 |
|---|---|---|
| 学科大类基础课23学分 | 必修课23学分<br>选修课无学分要求 | 电路与电子学基础、数字逻辑与数字系统、计算导论与程序设计、离散数学（上）、离散数学（下）、生物信息基础、网络技术导论、形式语言与自动机、电路与电子学实验 |
| 专业（基础）课31学分 | 必修课8学分<br>最低选修课23学分 | 智能科学技术导论、脑与认知科学基础、脑与认知科学认识实验、机器智能、自然语言处理与理解、信息与知识获取、机器学习、模式分析、信息科学原理、智能信息网络实验、计算机图形学、科技史与方法学、信息内容安全、智能机器人、群体智能、计算智能、多模态信息处理、UNIX编程环境、程序设计实践、Web（网络）开发技术、智能科学与技术前沿讲座、服务科学与服务工程概论 |
| 实践环节34学分 | 必修29学分<br>最低选修5学分 | 毛泽东思想和中国特色社会主义理论体系概论（实践环节）、物理实验、程序设计、课程设计、军训、面向对象程序设计与实践（C++）1.通信认识实习、数据结构课程设计、面向对象程序设计与实践（C++）2.计算机组成原理课程设计、数字逻辑与数字系统课程设计、操作系统课程设计、数据库系统原理课程设计、微机系统与接口技术课程设计、计算机网络课程设计、专业实习、毕业设计 |

### 5.2.1.3 特色总结：计算课程整合化人才培养模式

北京邮电大学计算课程整合化人才培养模式，通过扎实培养学生技术能力，为百度等 IT 公司培养从事搜索引擎和算法设计等工作的计算人才。主要具备以下特点。

(1)学位授予体系完备。北邮智能科学与技术专业涵盖本科、硕士、博士层次，结合北邮学校特色在信息获取方面较为便利，在学科建设过程中具有比较完备的学位授予体系。

(2)注重实践与交流。学生培养更加开放，该专业强调与外部的协作与交流，学校通过与对口企业以及优秀校友的联系，将学生送入企业进行实践操作。

(3)强调计算能力。专业设置了部分计算机方面的课程。一些算法导论方面的课程从一年级开始，信息智能相关课程从三年级开始，重要的课程都有实践的配套设计。北邮智能科学与技术专业比较偏向信息内容处理，专门设立了大数据专业，比较偏重网络结构、网络拓扑等方面。

### 5.2.2 北京联合大学：以产学研合作为载体的整合化培养模式

#### 5.2.2.1 机器人学院创办背景分析

为加快建设我国机器人教育体系，适应国家创新驱动发展战略视野下京津冀地区高精尖产业发展要求，北京联合大学顺应潮流、抓住机遇、教育先行，与保千里视像科技集团、哈工大机器人集团等国内著名机器人研发企业合作，在北京联合大学 2015 年"德毅"机器人校级实验班的基础上，率先在中国高校成立机器人学院。

北京联合大学机器人学院定位于"服务区域、辐射全国、面向世界"，以中国智能机器人产业发展趋势和需求为背景，以发展智能机器人技术为基础，以培育自主知识产权智能机器人产业为核心，以为国家经济建设培养高端智能机器人产业人才为目标，引领全球科技未来发展的战略制高点。

学院秉承"智行合一、深学笃用"教育理念，校内科研和实践教学主要依托学校"北京市信息服务工程重点实验室""工科综合北京市实验教学示范中心"为基础建立学校机器人研究和实验中心，支撑学院系/所的研究和实验工作。学校电子信息技术实验实训基地作为学院校内专业基础实验中心。校外科研和实践教学，一方面通过与清华大学、中国科学院等多所知名高校院所紧密合作，推动智能机器人研究发展。另一方面，学院与哈工大机器人集团、保千里视像科技集团、北京汽车集团、北京京城机电控股有限责任公司、北京云迹科技有限公司、北京英伟达科技有限公司、IBM、甲骨文公司等多家业内知名国内外企业签署校企合作协议，在总体战略框架下资源共享、优势互补，联合构建并逐步完善"产学研用"长效合作平台，为机器人学院的学生提供广阔的实践和就业平台，并致力于合力打通智能机器人走向大规模产业化的通道，由此推动我国智能机器人产业稳步、健康、可持续发展。

### 5.2.2.2  人才培养模式

机器人学院将各方面办学优势转化为提高人才培养质量的优势，汇聚一流师资力量，营造浓厚学术氛围，创造良好成才环境，激励学生潜心应用研究，争当拔尖创新人才成长征程上的"领跑者"。其人才培养模式主要包含以下两个方面。

（1）人才培养突出问题解决导向。在人才培养过程中突出科研任务完成和科研问题解决导向，采用全新的知识学习、能力导向、科研训练、应用创新的递进式培养，多专业交叉融合、产学研深度结合、全程科研任务驱动的教学模式，以及国际视野下的创新创业教育等手段，培养卓越人工智能工程师、机器人行业应用创新人才，将科学任务带动人才培养的理念与实践有效贯穿于综合项目实践与研究训练中。

（2）人才培养强调未来发展驱动。学院毕业生去向以国内升学、出国（境）留学和高端就业为主。学院将优先推荐优秀毕业生报考清华大学、中国科学院大学等合作高校升学，对于愿意在本校内升学的，学院将优先推荐毕业生报考"北京联合大学智能车研究生科研实验班"和"北京联合大学智能服务机器人团队"进一步深造。对于工作就业的毕业生，学院今后将不断推进与中关村高新示范区等具有全球影响力的科技创新中心的深度合作，探索建设龙头产学研用合作示范基地，积极探索与中关村智能机器人领域重点企业共建研发中心，致力于合作转化世界领先的科技成果，为学院的学生提供全球视野下高端的创新创业与实践就业平台。

### 5.2.2.3 特色：产学研合作培养模式

北京联合大学机器人学院将分隔的垂直学科划分，转变为交叉协作式的科学研究，采取科学任务带动创新人才培养模式，注重能力导向、科研训练、应用创新的递进式教学过程，注重多学科专业交叉融合、产学研深度结合、全程项目驱动的教学模式，注重国际视野下的创新创业教育手段。

北京联合大学机器人学院实现校企共同探索，秉持融合创新的理念，加强多学科多领域交流，在融合碰撞中激发创新火花，在合力攻关中实现技术突破，争取在国内乃至国际上形成科研成果转化优势，推动该校成为北京市高精尖产业发展重点建设单位，打造国内首批机器人产业应用型人才培养基地。

### 5.2.3  西安交通大学：以科教融合育人为目标专业化培养模式

#### 5.2.3.1  研究所成立背景分析

西交大人工智能与机器人研究所成立于 1986 年，其前身是自动控制专业计算机控制教研室。本所是"视觉信息处理与应用国家工程实验室"的支撑单位，并在教育部、国家外国专家局"高等学校学科创新引智计划"的支持下与国际知名学者合作组建了"认知科学与工程国际研究中心"。

在"大数据"的时代背景下，"人工智能"技术越来越受到全世界的关注和重视。研究所面向中国制造 2025 及两化融合对计算人才的需求，主要进行以计算机视觉与模式识别为基础的智能信息处理。结合学科发展前沿，重点进行视觉信号统计特性、初级视觉模型、计算机图形学和机器视觉信息计算模型研究；智能系统的数理机制探索与模型化；计算视频及面向图像和视频处理的超大规模专用集成电路设计；基于图像信息的智能控制与识别系统和各种图像处理方法与技术。形成了人工智能和机器人研究领域中具有长期技术积累和合理结构的人才团队。

#### 5.2.3.2  人才培养模式

在高层次人才培养方面，西安交通大学人工智能与机器人研究所是"模式识别与智能系统"国家重点学科，并按控制科学与工程一级学科招收博士研究生,是自动化学科博士后流动站组成单位。研究所是专职科研机构,是西安交通大学培养高层次人才的重要基地。人工智能与机器人研究所自成立以来,已经培养了一大批优秀硕士和博士研究生。

研究所注重科教融合、协同育人。在科学研究方面,在学术带头人、所长郑南宁院士的主持下,研究所主要进行以计算机视觉与模式识别为基础的智能信息处理结合学科发展前沿,重点进行视觉信号统计特性、初级视觉模型、计算机图形学和机器视觉信息计算模型研究;智能系统的数理机制探索与模型化;计算视频及面向图像和视频处理的超大规模专用集成电路设计;基于图像信息的智能控制与识别系统和各种图像处理方法与技术。人机所在视觉信息处理研究领域具有长期的技术积累和结构合理的人才团队。

研究所注重国际合作、跨域交流。合作方遍布国内外研究机构、企业和政府部门。目前与美国、日本、英国、新加坡等著名大学进行长期合作,与美国微软,德国西门子,日本三菱、欧姆龙和横河等跨国公司进行技术合作,为人才培养和科研建立了良好交流环境。

### 5.2.3.3 特色总结

西安交通大学人工智能与机器人研究所以科教融合育人为目标专业化培养模式,通过项目导向的方式,将教学和科研有机地融合起来,在致力于解决科研问题的同时,面向人工智能与机器人科学领域培养智能信息处理、智能系统的数理机制、基于图像信息的智能控制与识别系统等前沿方向的科研人才(表 5-4)。

表 5-4　西安交通大学人工智能与机器人研究所培养模式特色总结

| 核心要素 | 模式特点 |
|---|---|
| 面向智能化技术前沿 | 注重前沿问题研究 |
| 产学研合作 | 注重面向实际问题的基础研究 |
| 科教融合 | 依托科研项目培养计算人才 |

### 5.2.4　浙江大学：以软件为计算载体的整合化培养模式

#### 5.2.4.1　浙江大学软件学院背景分析

浙江大学软件学院依托浙江大学计算机科学与技术学院雄厚的师资力量，结合浙江大学的综合办学优势和我国软件产业发展的实际，以市场需求为导向，以"Computer＋X"和"X＋Info"复合型人才培养理念，致力于培养高层次的应用型、复合型、国际化的软件工程技术和软件工程管理人才。

学院突出计算机与各行业需求结合，体现"Computer＋X"复合人才培养理念，构建由学校、政府、企业多方合作，学校主导的软件人才培养体系，与国内外著名的企业合作，成立了浙江大学视觉感知教育部-微软重点实验室、浙江大学-英特尔嵌入式技术中心等产学合作研究所，为学生提供深入体验产业环境、了解真实世界工程问题和需求的机会。

同时学院注重学生的国际化训练，90％的专业主干课程采用双语或英语教学，学业及格的学生 100％保证有在本科阶段赴国外名校或世界 500 强及重点企业交流学习的机会。

#### 5.2.4.2　计算教育人才培养

软件学院专注于培养软件工程的高层次人才和软件行业的中高

端技术人才,培养学生具备在毕业后直接进入软件行业工作的能力,并且较快地适应当下软件行业对技术人才的专业知识、技能和实践经验的要求。

软件学院的研究方向调整比其他学院容易,只需要经过学院的审核,其开设的方向是及时根据产业需求和技术发展去调整。比如:云计算、大数据、物联网、移动互联网、软件开发、金融信息专业方向的设置。专业设置紧跟技术发展趋势,随着 iPhone 的产生,很多人倾向于研究 IOS 系统上的 APP 的开发,相应的软件学院及时设置了移动互联网专业方向。2017 年前根据产业和技术对大数据的研究需求设置了大数据专业方向。

教学计划的制订包括实践技能、实训项目和实习环节。实训项目一般持续几个月时间,是从不断更新的合作企业中拿出某个项目来进行一个软件的开发。实习环节,第一年上课,第二年要求所有学生去企业实习,浙大软件学院的品牌已经建立,学生很受大企业青睐;企业实习的帮助非常大,学生做了很多实践性工作,积累了经验,三分之一学生去了实习企业就业。教学环节着重实践经验,学生培养模式有两种。一种是请企业老师来合作开课,三分之一学院老师来自企业;另一种是课程的三分之二由学校老师讲解,三分之一由企业老师讲解案例和开发工具。学生毕业论文根据企业实习经验去撰写,强调工作的原创性、项目的研发性、工程性和实用价值,并不要求论文的发表。

### 5.2.4.3 特色总结

浙江大学软件学院的人才培养模式以产学研一体化的教学框架、课程实践—项目实训—企业实习的培养体系以及服务地方的重要平台搭建为核心要素，通过"Computer＋X"复合人才培养模式，面向产业和实际应用需求，将计算机技术与其他工科专业相结合，构建由学校、政府、企业多方合作、学校主导的软件人才培养体系（表5-5）。

表5-5　浙大软件学院培养模式特色总结

| 核心要素 | 模式特点 |
| --- | --- |
| 产学研一体化的教学框架 | 产学研合作 |
| 课程实践—项目实训—企业实习的培养体系 | 注重实践 |
| 服务地方的重要平台 | 面向产业需求 |

### 5.2.5　斯坦福大学：以产业需求为导向的专业化培养模式

#### 5.2.5.1　斯坦福计算机科学系分析

斯坦福大学的计算机科学系是工程学院的一部分。该系提供科学学士学位、理学硕士学位和哲学博士学位。它还参与以下本科跨学科项目：计算机系统工程、符号系统、数学和计算科学。计算机科学系成立于1965年，是本科和研究生水平的研究和教育中心。在人工智能、机器人、计算机科学基础、科学计算和系统领域存在着强大的研究团队。计算机科学的基础工作是这些群体的主要研究目标，但也强调跨学科研究和刺激基础研究的应用。

斯坦福人工智能实验室（SAIL）自1962年成立以来，一直是卓越的人工智能研究、教学、理论和实践中心。50多年来实验室一直致力于推动机器人教育。由于斯坦福与硅谷的特殊联系，斯坦福的学生有更多机会将他们的发明商业化。斯坦福大学在2014年年底宣布了一个长达100年的人工智能研究计划，可见其在人工智能研究方面的投入和决心。

### 5.2.5.2　人才培养模式

已经进行跨学科工作的领域包括化学、遗传学、语言学、物理学、医学和工程,建筑和制造等。与其他大学部门具有计算兴趣的研究人员保持密切的关系。此外,教师和学生通常与附近研究或工业机构的调查员合作。主要的教育目标是帮助大学或工业机构中的学生准备进入研究和教学职业(表 5-6)。

2014 年,斯坦福发起一项长达 100 年的人工智能研究计划,集聚人工智能专家、机器人专家以及其他领域的科学家,共同研究人工智能技术对未来 30 年、50 年甚至 100 年后社会和经济的影响。

表 5-6　斯坦福人工智能实验室课程设置

| 课程类 | 课程子类 | 课程 |
|---|---|---|
| 基础课程 | 数学、数理统计 | 微积分、线性代数、概率论与数理统计、编程、离散数学、概率论、不确定决策、概率图形模型、统计学、统计学习理论 |
| 专业基础课程 | 计算机基础、人工智能理论及实践课程 | 基础编程背景、算法设计和分析、计算机视觉:基础和应用、人工智能:原理和技术、社会和信息网络分析、基于深度学习的自然语言处理、机器人导论、机器学习或统计学、凸优化理论、顺序决策中的高级主题、大数据集挖掘 |
| 专业课程 | 综合应用课程 | 人类基因组的计算、计算生物学:生物分子和细胞的结构和组织、卷积神经网络的视觉识别、计算基因组学、计算机视觉中的高级阅读、四个维度的计算机科学、实验机器人、机器学习、计算机视觉:从 3D 重建到识别、高级机器人操作 |

### 5.2.5.3　特点总结

斯坦福人工智能实验室以产业需求为导向的专业化培养模式,以课程作为学生学习的主要渠道,结合项目制模式建立人才培养体系。实验室课程学习总体可分为三个层次,第一层次为基础课程,主要包含数学、数理统计等基础课程;第二层次为专业基础课程,主要包含计算机基础、人工智能相关理论及实践课程,注重基础理论和实践内容;第三层次为专业课程,注重培养学生综合应用能力。该模式课程强调扎实计算机学科基础,并将计算与生物、机械等领域相结合。

## 5.2.6　剑桥大学:以计算基础研究为导向的专业化培养模式

### 5.2.6.1　剑桥大学计算机实验室分析

计算机实验室是剑桥大学的一个学术部门,包括计算机科学以及工程、技术和数学等研究领域。实验室在计算机科学、工程、技术和数学学科范围内从事广泛的科目研究。当前研究方向主要包括人工智能、计算机架构、数据技术、图形与交互、自然语言和信息处理、编程、逻辑和语义、安全、系统研究等领域。

计算机实验室在计算机科学领域已经储备了大量基础人才,包括44名学术人员、30名支持人员、7名研究员、102名博士后研究人员和121名博士生。实验室包含300多名本科生学习计算机科学课程,以及36名研究生学习高级计算机科学的MPhil。这些已有的人才储备,以及通过项目不断培养出来的计算基础研究人才,为计算领域研究的持续发展打下了基础。

### 5.2.6.2　人才培养模式

实验室通过课程教学和个人研究相结合的方式,培养研究型硕士和博士研究生。实验室提供研究型硕士和博士两种学位。其中高级计算机科学硕士是一年制的硕士学位,旨在为学生准备博士研究。根据选择的选项,其中包括 50% 或 75% 的课程,余下的时间花在个人研究项目或研究论文上。计算机实验室提供的主要研究学位为博士学位。这一剑桥博士是为期三年的由学生和实验室认可的个人研究项目。学生在教师指导下,从博士生开始就主要从事自己的项目。除了强化的 16 个课程的研究技能之外,没有任何教学成分。预计学生将在第三年年底完成研究的实质。

课程设置中主要包含数理基础、计算机基础以及综合应用课程等内容,并设置自然语言处理等人工智能基础课程,以及人机交互等高阶课程(表 5-7)。在完成课程学分的过程中,学生围绕研究主题,自主推进个人的研究内容。

表 5-7　剑桥大学高级计算机科学硕士课程简介

| 课程类 | 课程子类 | 课程 |
| --- | --- | --- |
| Part Ⅰ A | 数学、数理统计 | 计算机基础、算法等 |
| Part Ⅰ B | 计算机基础、人工智能理论及实践课程 | 逻辑和证明、人工智能 Ⅰ、计算机科学数学理论等 |
| Part Ⅱ | 综合应用课程 | 人机交互、自然语言处理 |

### 5.2.6.3　特色总结

剑桥大学计算机实验室通过以计算基础研究为导向的专业化培养模式,将研究方向集中于人工智能、计算机架构、数据技术、图形与交互、自然语言和信息处理、编程、逻辑和语义、安全、系统研究等计算机和人工智能领域,通过课程学习和学生自主研究设计相结合的方式,将计算教育融入课程设置和研究当中,注重高级计算机技术在人工智能等领域的理论发展和综合应用，培养面向计算机技术发展的研究型人才（表 5-8）。

表 5-8　剑桥大学计算机实验室研究方向

| 研究方向 | 具体研究内容 |
| --- | --- |
| 人工智能 | 智能系统的理论与应用 |
| 计算机架构 | 微架构，VLSI 技术与设计，电子 CAD，安全硬件 |
| 数据技术 | 技术的所有方面，特别适用于普遍的、有感和移动的计算和通信系统 |
| 图形与交互 | 计算机图形学，图像处理，人机交互，情感计算 |
| 自然语言和信息处理 | 自然语言和相关应用的计算建模 |
| 编程、逻辑和语义 | 编程语言、编译器和分析；自动推理工具的开发与应用；硬件、软件和网络的数学模型；有限模型理论 |
| 安全 | 安全性，密码学及其应用 |
| 系统研究 | 网络，操作系统，多媒体，移动和传感器系统，分布式系统 |

## 5.3　计算教育实现路径提炼

国务院印发的《新一代人工智能发展规划》中明确指出，新一代人工智能相关学科发展、理论建模、技术创新、软硬件升级等整体推进，正在引发链式突破，推动经济社会各领域从数字化、网络化向智能化加速跃升。中国工程院院士邬贺铨也提出，"随着信息技术与各行各业结合得更加紧密，未来工业的生产方式，也将发生显著的改变"。在第三次工业革命背景下，需要更深层次地推动工业化、信息化的两化融合，以引领颠覆性创新技术的研发，成功实现中国制造向"中国智造"转型。我国制造业转型升级、创新发展，要求探索和发展计算教育的模式和路径，以保证计算人才的培养质量和储备需求。

本章总结已有的国内外计算教育开展路径和模式,提炼出以计算基础课程为核心的专业化培养模式、以产学研合作为载体的整合化培养模式、以科教融合育人为目标专业化培养模式、以软件为计算载体的整合化培养模式、以产业需求为导向的专业化培养模式以及以计算基础研究为导向的专业化培养模式六种计算教育模式,为我国计算教育的开展和工程教育范式的升级提供借鉴(表 5-9)。

表 5-9　计算教育模式特点总结

| 学校 | 模式 | 特点 |
| --- | --- | --- |
| 北京邮电大学智能科学与技术 | 以计算基础课程为核心的专业化培养模式 | 面向产业企业(百度等)输送计算人才<br>关注信息技术处理和智能人机交互方向 |
| 北京联合大学机器人学院 | 以产学研合作为载体的整合化培养模式 | 产学协作,协同育人<br>注重工程实践<br>关注机器人领域 |
| 西安交通大学人工智能与机器人研究所 | 以科教融合育人为目标专业化培养模式 | 科教融合培养计算人才<br>关注人工智能和机器人领域 |
| 浙江大学软件学院 | 以软件为计算载体的整合化培养模式 | 整合化计算模块设置<br>面向产业应用 |
| 斯坦福大学 AI 实验室 | 以产业需求为导向的专业化培养模式 | 计算领域与工程领域(机械、生物)相融合<br>面向产业需求<br>产学合作 |
| 剑桥大学计算机实验室 | 以计算基础研究为导向的专业化培养模式 | 面向计算领域基础研究<br>课程学习和学生自主研究设计相结合 |

从案例的整理和分析来看,当前计算教育呈现出如下趋势。

(1)工程与计算深度汇聚。伴随着科技进步和互联网环境的不断发展，工程与计算已然成为不可分割的整体，培养工程教育中的计算思维，通过计算的知识和技术以更高效、更精准地解决工程问题，成为必然的趋势。

（2）硬件和软件加速融合。人工智能、机器人等产业领域的快速发展，对硬件软件的深度融合提出了要求。这些领域不仅仅要求运用某一专业或者学科的知识和技能，而是涉及计算机、机械、电力电子等各个领域，硬件和软件的融合是必然的要求。

（3）计算核心模块成为桥梁。智能学科相关核心课程均包含计算机科学、信息技术等内容，在大类基础课程、专业基础课程的基础上，与特定应用领域相结合，形成系统层面的课程设计。计算核心模块的确立是必然的途径。

由案例分析可见，计算教育主要包含两条路径，一是将计算课程和技能要求作为其他工科专业的基础模块，称之为整合化路径；二是将计算相关技能要求融入其他计算机专业和工程专业的课程体系和培养模式，称之为专业化路径。其中，专业化分为在计算机领域不同方向的深化以及与特定工程领域相结合的深化两种不同的方式。

本章依据计算教育面向的目标和路径，将案例划分为如下框架（表5-10）。

面向基础研究的计算教育致力于培养解决与改进计算机技术相关关键问题的工程人才，比如实现计算机基础性能的提升和算法的改进等，通过计算机基础研究的突破来引领工程教育的发展和变革。面向产业需求的计算教育则致力于解决当前产业中面临的实际问题，并为当前工程领域各个产业输送应用型人才。

表 5-10 计算教育案例框架

| / | 整合化 | 专业化(计算) | 专业化(工程) |
|---|---|---|---|
| 主要面向基础研究 | / | 剑桥大学计算机实验室 | 西安交通大学人工智能与机器人研究所 |
| 主要面向产业需求 | 浙江大学软件学院<br>北京联合大学机器人学院 | 北京邮电大学智能科学与技术专业 | 斯坦福大学人工智能实验室 |

　　伴随着技术的快速发展,以及以两化融合为主线的《中国制造2025》的推进,计算教育作为信息化发展的主要教育载体,在两化融合过程中已然成为工程教育必不可少的一部分。基于已有案例和总结的特点,提炼出计算教育作为未来工程教育的基础和必要条件,并分析其在两化融合趋势下引领和带动整个制造业的发展的可行实现路径。其主要包含整合化和专业化两条可能的实现路径。

### 5.3.1 计算教育的整合化实现路径

　　实现计算教育引领工程教育变革的路径之一,为整合化计算教育模式,即将计算基础能力作为所有工程学科的通识能力,作为所有工程科技人才应当掌握的基础能力(图 5-2)。

　　该培养路径强调了计算教育在工程教育中的基础位置和关键作用,将基础计算能力作为工程科技人才培养的基础。分析已有的案例可发现,整合化的计算教育的具体实现路径,按照其载体的不同,可以划分为以下两种主要方式,即基于软件的实现路径和基于计算基础的实现路径(表 5-11)。

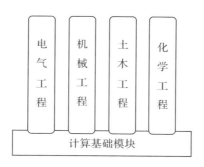

图 5-2　计算教育整合化实现路径

**表 5-11　整合化路径分析**

| 教育维度 | 特点 | 举例 |
|---|---|---|
| 计算理念培养 | 将计算作为各个工科领域的通识基础，注重计算基础知识和技能的培养 | 浙大软件学院提出"Computer＋X"复合人才培养理念，将计算教育作为面向各个行业就业的基础能力 |
| 课程体系设计 | 设置单独的课程模块，关注编程、语言、算法等计算通用知识和技能的学习，作为在其他工科领域应用计算思维和计算方法的基础 | 北京联合大学机器人学院在高等数学基础上，以程序设计基础、面向对象程序设计等课程为专业基础课程，作为其他专业方向的基础 |
| 实践能力提升 | 在具体应用层面要求掌握调用云计算、云平台的能力，以及在掌握计算基础模块的基础上，快速学习具体工程领域的计算知识和技能的能力 | 浙大软件学院以市场需求为导向，突出计算机与各行业需求结合，为学生提供深入体验产业环境、了解真实世界工程问题和需求的机会 |

### 1. 基于软件应用的整合化实现路径

软件是一系列按照特定顺序组织的计算机数据和指令的集合，是与计算机系统操作有关的计算机程序、规程、规则，以及可能有的文件、文档及数据。其作为实现计算目标的重要方式和基础，同时也是GRIN提出的主要侧重部分，成为计算教育实现的路径之一。

基于软件的计算教育,既帮助学生在实践操作中掌握相应的计算思维和信息技术手段,同时能够为学生毕业后对接相关的产业行业提供所需要的知识和技能。

如浙江大学软件学院,开设云计算、大数据、物联网、移动互联网、软件开发、金融信息等专业方向,专业设置紧跟技术发展趋势,通过实践技能、实训项目和实习环节,面向产业和实际应用需求,以软件为载体培养产业所需人才。

2. 基于计算通识基础的整合化实现路径

通过"计算"解决现实问题包含将物理世界数字化,并通过计算机实现自动化处理等过程,数学、编程等内容是计算教育的基石和基本,也是与其他学科相互融合的起点和接口所在。尤其是在本科阶段,基于计算基础的计算教育在培养计算思维、扎实计算基础能力、为未来应用计算和信息技术手段解决实际问题等方面具有重要意义。

北京联合大学通过课程和校企合作培养学生计算基础能力,以为学生继续深造或者进入产业企业从事机器人相关的研究和工作做好准备。其帮助本科阶段的学生提升计算基础能力,建立通过信息技术手段解决问题的思维,并为未来通过计算解决工程领域问题打下基础。

### 5.3.2　计算教育的专业化实现路径

专业化实现路径是将计算要求的课程知识与能力与不同工科相结合,将计算教育与传统工科教育相融合的计算教育实现路径。伴随着科学技术和计算能力的高速发展,传统工科解决实际工程问题的许多方法亟待变革。计算教育专业化路径强调计算教育在不同工程学科中的作用，面向不同工科专业设计相适应的计算教育模式（表5-12），利用"计算"的方法和模式明确、简化工程问题并提出更高效、更精准的解决途径（图5-3）。

表 5-12 专业化路径分析

| 教育维度 | 特点 | 举例 |
| --- | --- | --- |
| 计算理念培养 | 强调计算教育在不同工程学科中的作用，面向不同工科专业设计相适应的计算教育模式，突出不同工科领域计算教育的不同重点 | 剑桥大学计算机实验室包括计算机科学以及工程、技术和数学等研究领域。实验室在计算机科学、工程、技术和数学学科范围内从事广泛的科目研究 |
| 课程体系设计 | 要求将计算领域知识体系与工科领域知识体系相融合，即在传统工科课程中融入计算思维和计算方法，强调不同工科领域中计算教育培养方案的不同侧重点 | 斯坦福人工智能实验室设计人类基因组的计算、计算生物学、生物算法等课程，将计算与生物相融合 |
| 实践能力提升 | 强调计算思维和计算方法在工程实践中的具体应用，如工业设备的运用和数字化操作，工业基础软件的编制等 | 西安交通大学人工智能与机器人研究所注重国际合作、跨域交流，合作方遍布国内外研究机构、企业和政府部门，为人才培养和科研建立了良好交流环境 |

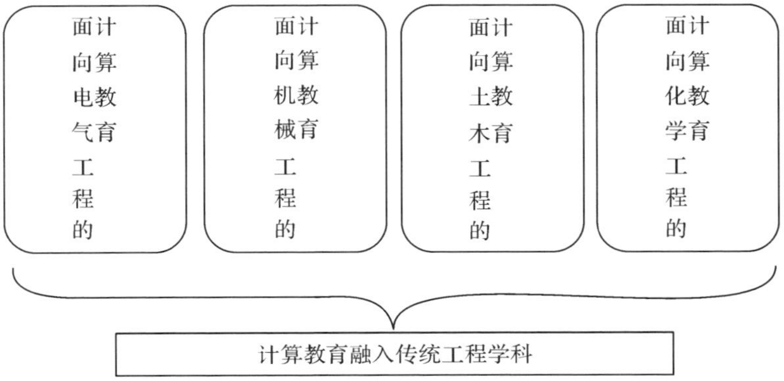

面向计算教育的电气工程    面向计算教育的机械工程    面向计算教育的土木工程    面向计算教育的化学工程

计算教育融入传统工程学科

图 5-3 计算教育专业化实现路径

1. 基于工程学科的专业化实现路径

通过计算教育与传统工程相结合的方式,能够更有针对性地应用计算相关方法解决相应的工程问题。伴随计算机技术的高速发展,在工程领域运用数字化、信息化手段以期更高效、更快捷地解决实际问题早已成为必然的趋势。通过与特定工程领域相结合的计算教育,能够培养具备相应能力的工程师,满足"中国制造 2025"背景下产业和行业对于工程人才的需求。

当前我国工业基础软件的自主设计人才缺乏,工业基础软件基本依靠购买国外软件再调试和改进,核心工业软件技术人才不足以支撑产业智能化发展的需要。因此,在机电土化传统学科中加强学生编写工业基础软件的能力尤为重要。

斯坦福大学人工智能实验室即为此种路径培养的典型,其基础课程中要求的微积分、线性代数、概率论与数理统计、编程等内容即作为培养工程人才的计算基础能力,强调扎实计算机学科基础,并将计算与生物、机械等领域相结合。按照模块化的方式组建课程、构建能力体系,是专业化计算教育模式的特点。

2. 基于计算研发的专业化实现路径

计算思维和计算方法,作为工程教育的基础,本身也需要不断地发展和完善。基于计算领域的专业化路径,关注计算相关知识和技术的研究和开发,为计算教育的扩展和发展提供基础。

如剑桥大学计算机实验室,通过专业化研究型人才培养模式,将研究方向集中于人工智能、计算机架构、数据技术等计算机和人工智能领域的关键技术方法,通过课程学习和学生自主研究设计相结合的方式,将计算教育融入课程设置和研究当中,注重高级计算机技术在人工智能等领域的理论发展和综合应用。

## 5.4 本章小结

伴随着信息技术的高速发展和两化融合趋势的不断加强,计算思维、知识和技能已经在各个领域,特别是工程领域发挥着越来越关键的作用。与之相适应地,计算教育呈现出工程与计算深度汇聚、硬件和软件加速融合、计算核心模块成为桥梁、计算课程整体化等趋势。由本章案例分析可见,诸如人工智能、机器人等前沿领域,以及机械、生物等传统领域,均与计算领域相适应、相融合,计算教育作为信息化发展的主要教育载体,在两化融合过程中已然成为工程教育必不可少的一部分,计算教育正在引领着工程教育变革方向。在计算教育蓬勃发展的背景下,要求工程师能够融合多学科的知识和技能,并创造性地解决实际问题,培养工程科技人才跨学科协同已然成为工程教育的整体趋势;工程与计算的深度汇聚和软硬件的加速融合,要求工程科技人才应用先进技术解决实际工程问题,要求工程科技人才掌握智能化应用能力已然成为工程教育的基本内涵;计算领域相关技术高速发展,面向复杂的真实世界工程环境,重视工程创业能力已然成为工程教育的必然要求。

本章从已有案例中,提炼总结出计算教育实现的整合化和专业化两条主要路径。其中,整合化路径即是将计算领域相关知识和技能组成一个核心模块,作为所有其他工程学科的通识基础;专业化路径即为将计算领域知识和技能与具体工程学科相融合,面向特定工程学科开展相应的计算教育。两条路径在工程科技人才计算理念培养、课程体系设计和实践能力提升方面各有特点,作为计算教育模式的探索方式。

# 06　新工科范式:"中国制造 2025"的实现路径

## 6.1　面向"中国制造 2025"的新工科范式的提出

### 6.1.1　产业变革背景

当前世界范围内新一轮科技革命和产业变革加速进行,综合国力竞争愈加激烈。互联网、物联网、大数据、人工智能、新材料、新能源等新科技和新商业模式快速改变着现代工业、经济社会发展和劳动力市场。国家实施的创新驱动发展、"中国制造 2025"等重大战略,为中国的创新发展提供了新机遇、注入了新动力。《中国制造 2025》对中国制造业实现由大变强、高端引领要在哪些技术上突破提出了方向,提出了十大重点领域,形成实现制造强国必须达到的基础技术目标,参见表 6-1。

然而,从数量和质量上看,我国工程教育对中国制造 2025 战略的支撑力量都存在不足。数量上,若不积极改革,到2020年、2025年,十大重点领域的人才缺口巨大。

表 6-1　中国制造 2025 战略十大重点领域关键词

| 十大领域 | 关键词 |
| --- | --- |
| 新一代信息技术 | 4G/5G 通信、IPv6、物联网、云计算、大数据、三网融合、平板显示、集成电路、传感器 |
| 高档数控机床和机器人 | 五轴联动机床、数控机床、机器人、智能制造 |
| 航空航天装备 | 大飞机、发动机、无人机、北斗导航、长征运载火箭、航空复合材料、空间探测器 |
| 海洋工程装备及高技术船舶 | 海洋作业工程船、水下机器人、钻井平台 |
| 先进轨道交通装备 | 高铁、铁道及点车道机车 |
| 节能与新能源汽车 | 新能源汽车、锂电池、充电桩 |
| 电力装备 | 光伏、风能、核电、智能电网 |
| 新材料 | 新型功能材料、先进结构材料、高性能复合材料 |
| 生物医药及高性能医疗器械 | 基因工程药物、新型疫苗、抗体药物、化学新药、现代中药；CT、超导磁共振成像、X 射线机、加速器、细胞分析仪、基因测序 |
| 农业机械装备 | 拖拉机、联合收割机、收获机、采棉机、喷灌设备、农业航空作业 |

数据来源：数字化企业网，http://www.e-works.net.cn/report/made2025/made2025.htmlx

尤其是新一代信息技术产业、电力装备产业，2025 年人才缺口预计将超 900 万；高档数控机床、机器人和新材料等产业人才缺口也将逾 400 万。习近平总书记指出，"我们对高等教育的需要比以往任何时候都更加迫切，对科学知识和卓越人才的渴求比以往任何时候都更加强烈"。同时，在质量上，由于从科学发现到转化成技术或产品的时间在不断缩短，知识更新和新知识产生的速度不断加快，对现代工程技术人才的知识、能力、职业素质和视野都有了新的要求。由此可见，为响应需求，支撑服务以新技术、新业态、新产业、新模式为特点的新经济蓬勃发展，突破关键技术，构筑先发优势，在未来全球创新生态系统中占据战略制高点,迫切需要培养数量达标、质量创新的工程科技人才。

为了支撑快速发展的新经济,培养新型工程创新人才,高等工程教育必须进行全面和深刻改革和创新。新工科教育理念和工程教育改革就是在这样的背景下提出的。自 2017 年 2 月以来,教育部多次研讨的"新工科"建设,即是高等工程教育对"中国制造 2025"这一国家战略的积极响应,其基本宗旨即是为包括"中国制造 2025"在内的国家发展战略提供科技、智力支撑。我国正积极探索,根据世界高等教育与历次产业革命互动的规律,面向未来技术和产业发展的新趋势和新要求,在总结技术范式、科学范式、工程范式经验的基础上,建立"新工科范式"。

### 6.1.2　新工科内涵特征与参与主体

新工科范式的构建是近期工科教育改革的核心任务之一。2017年 2 月 18 日,教育部在复旦大学召开了高等工程教育发展战略研讨会,包括北京大学、北京交通大学、南开大学、天津大学、复旦大学、浙江大学、汕头大学在内的 30 所与会高校对新时期工程人才培养进行了热烈讨论,经过共同探讨,提出建设与发展新工科的战略思想。该次会议达成了《复旦共识》,会后 2 日,教育部高等教育司发布《关于开展新工科研究与实践的通知》,总结了该会的精神,主要可概括为对新工科的内涵特征、参与主体、主体作用及路径选择四个方面的深入表达。

内涵特征方面,新工科之"新"体现在五个方面。

(1)工程教育的新理念。新工科建设和发展以新经济、新产业为背景,需要树立创新型、综合化、全周期工程教育的新理念。

（2）学科专业的新结构。开展新兴工科专业的研究与探索,对传统工科专业进行更新升级,构建新兴工科与传统工科相结合的学科专业新结构。

（3）人才培养的新模式。在总结卓越工程师教育培养计划、CDIO等工程教育人才培养模式改革经验的基础上,开展深化产教融合、校企合作的体制机制和人才培养模式改革研究和实践,探索实施工程教育人才培养的新模式。

（4）教育教学的新质量。研究制订新兴工科专业教学质量标准,开展多维度的教育教学质量评价,打造具有国际竞争力的工程教育新质量。

（5）分类发展的新体系。构建高校分类发展、工程人才分类培养的新的体系结构。

参与主体方面,主要包含五类主体:工科优势高校、综合性高校、地方高校、政府部门及行业企业。工科优势高校是指传统的工科特色和行业特色高校,高校自身具有与行业产业紧密联系的优势,由浙江大学牵头,包括但不限于清华大学、上海交通大学、天津大学、同济大学、北京航空航天大学。综合性高校具有学科综合的优势,由复旦大学牵头,包括但不限于北京大学、吉林大学、南京大学、四川大学、山东大学、厦门大学、中山大学、武汉大学、苏州大学、青岛大学、中国科学技术大学、华东师范大学。地方高校,包含地方行业性高校和一般地方高校。地方行业性高校主要是指聚焦于如农林、水利、地矿、石油、交通、电子等某些行业的地方高校。一般地方高校是指一些办学历史往往不长,与地方经济社会发展联系紧密,以工科为主的多科性地方院校,其毕业生多在本地就业。地方高校需充分利用地方资源,由上海工程技术大学、汕头大学牵头,还包括上海应用技术大学等。此外,新工科建设还涉及教育部、有关行业主管部门、各级政府和行业企业的共同发力。

各参与主体各司其职又相互合作,发挥协同作用:(1)工科优势高校对工程科技创新和产业创新发挥主体作用,培养工程科技创新和产业创新人才;(2)综合性高校对催生新技术和孕育新产业发挥引领作用,培养科学基础厚、工程能力强、综合素质高的复合型人才;(3)地方高校对区域经济发展和产业转型升级发挥支撑作用,培养具有较强行业背景知识、工程实践能力、胜任行业发展需求的应用型和技术技能型人才;(4)教育部、有关行业主管部门和各级政府要对新工科建设起到政策协同作用;(5)鼓励行业企业共商、共建、共享新工科建设,深入推进产学合作、产教融合、科教协同,使行业企业在新工科建设中发挥促进作用。

## 6.2 新工科范式下工程教育改革的典型实践

### 6.2.1 新工科建设路径与案例选择

《复旦共识》对新工科的建设路径提出了以下思路。(1)工科优势高校,一要促进现有工科的交叉复合、工科与其他学科的交叉融合,积极发展新兴工科;二要拓展工科专业的内涵和建设重点,构建创新价值链,打造工程学科专业的升级版。(2)综合性高校,要推动应用理科向工科延伸,推动学科交叉融合和跨界整合,培育新工程领域。(3)地方高校,要充分利用地方资源,利用自身优势,凝练办学特色,深化产教融合、校企合作、协同育人,推动传统工科专业改造升级,开展地方高校新工科研究和实践。提炼其精神,新工科的建设路径总体上讲有两条。

第一条,转型路径(transforming path),即对传统的、现有的工程学科进行转型、改造和升级,拓展和深化内涵,转变或提高培养目标和标准,改革和创新培养模式,从而推动现有工科专业的改革创新。转型路径可将现有工科建设成为新型工科(transformed engineering)。转型前的学科,如机械、土木、化工等,虽然可能是工程学科中的重要学科,具有发展历史悠久、在国民经济建设中不可或缺等特点,但面临我国产业的转型升级,尤其是互联网和人工智能对传统产业产生的颠覆性影响而引发的对这些产业的改造以及运用其他高新技术对传统产业的改造,这些学科需要针对当前和未来产业发展的急需进行转型改造成为新型工科。

第二条,新生路径(emerging path),即根据现代产业发展的需要,主动设置和发展一批全新出现、前所未有的新工科专业。新生路径可建设新生工科(emerging engineering)。新生工科面向未来新技术和新产业发展而建立,既可以从已有工科与理科交叉融合而来,也可以从已有工科与工科的交叉复合中来,还可以从应用理科等基础学科中孕育、延伸和拓展出来。这些学科不仅孕育了一批以新能源、新材料、生物科学为代表的新技术,而且催生了一批如光伏、锂离子电池和基因工程为代表的新产业,丰富了学科的基础内涵,赋予其新的发展空间和潜力。

在新工科建设中,许多教育管理者、教育者和研究者着重关注新工科的新生路径,却对转型路径有所忽视。然而事实上,由新生路径所产生的新生工科重要却占较小比重,大量传统的、现有的"存量"工科专业需要通过转型路径改造成新型工科。中国首先应关注通过转型路径建设新型工科,其次关注通过新生路径设置和发展新生工科。

本节将以结构化案例分析研究方法,选择新工科建设典型实践,分析在"中国制造 2025"背景下不同类型高校建设新工科的路径。本研究综合考虑四大因素,选择典型案例进行结构化案例研究:一是,所选案例的新工科建设路径需体现多样性,故应既有通过转型路径建设新型工科的案例,也有通过新生路径建设新生工科的案例;二是,所选领域的新工科实践主体需体现多样性,故既包含工科优势高校,又包含综合性高校,还包含地方高校;三是,对照《中国制造 2025》提出的十大战略性新兴产业及其人才缺口,在除高档数控机床和机器人领域以外的九大领域中,选择若干领域,每一领域做一个案例研究[①];四是,所选案例的新工科建设活动必须具有良好的建设成效,形成良好的社会影响,并具有一定的代表意义。

按照以上原则,选择北京航空航天大学、北京大学、天津大学、复旦大学、上海工程技术大学的新工科建设实践为案例。其中,北京航空航天大学通过转型路径,将原有的航空科学与工程学院下设专业进行升级,该专业毕业生主要服务于"中国制造 2025"重点领域中的航空航天装备领域;北京大学通过转型路径,建立工学院,内设 6 个专业,该学院毕业生主要服务于"中国制造 2025"重点领域中的生物医药及高性能医疗器械领域;天津大学通过新兴路径建设了新工科——

---

① 高档数控机床和机器人领域的案例,由于在上一章已有涉及,故本章不再做案例研究。

分子科学与工程,该专业毕业生主要就业于能源、环境、材料领域,可服务于"中国制造 2025"重点领域中的节能与新能源汽车领域、新材料领域等;复旦大学为综合性高校组组长,该校通过新兴路径建设了新工科——数据科学与大数据专业,该专业毕业生主要服务于"中国制造 2025"重点领域中的新一代信息技术领域;上海工程技术大学通过新兴路径建设了新工科——轨道交通专业等,该专业毕业生主要服务于"中国制造 2025"重点领域中的先进轨道交通装备领域。所选案例的基本情况见表 6-2。

表 6-2　面向"中国制造 2025"的"新工科"专业改革实践

| 建设路径 | 建设的新工科类型 | 所选高校 | 高校类型 | 学院及专业 | 对应"中国制造 2025"重点领域 |
|---|---|---|---|---|---|
| 转型路径 | 新型工科 | 北京航空航天大学 | 工科优势高校 | 航空科学与工程学院系列专业 | 航空航天装备领域 |
| | | 北京大学 | 综合性高校 | 工学院系列专业 | 航空航天装备、生物医药及高性能医疗器械、节能与新能源汽车、新材料等领域 |
| 新生路径 | 新生工科 | 天津大学 | 工科优势高校 | 化工学院分子科学与工程专业 | 节能与新能源汽车、新材料领域 |
| | | 复旦大学（为该组牵头高校） | 综合性高校 | 大数据学院数据科学与大数据专业 | 新一代信息技术领域 |
| | | 上海工程技术大学（为该组牵头高校） | 地方高校 | 城市轨道交通学院系列专业 | 先进轨道交通装备领域 |

### 6.2.2　北京航空航天大学航空科学与工程学院:"产业驱动" 转型路径

#### 6.2.2.1　转型目标:满足产业发展对工程科技人才的新要求

在科学技术快速发展的时期,知识的贬值与过时越来越快速,高学分的专业必修课的教育模式不如素质教育能使学生受益更多。人才的专业知识固然重要,但其高速贬值的特性已成为现今教育的突出问题。如何使学生具备较为完整的综合素质,从而实现对学习能力的强化培养,使学生受益终身,这成为北京航空航天大学的教学改革切入点。

实际上,在北京航空航天大学所培养的学生中,这一问题尤为突出。原因之一,整个学校处于高新技术领域,在高新技术大步向前跨越的今天,其知识的更新迭代更为迅速,授之以鱼的效果已远不及授之以渔的效果。原因之二,该校毕业生有很大概率服务于军工企业,对其人文情怀和综合素质也提出了较高的要求。在目前就业的薪资水平下,对于航空航天人才的爱国主义精神、报国情怀也提出了较高要求。为此,北京航空航天大学希望进行综合改革,以应对产业不断发展的客观态势。

#### 6.2.2.2　转型优势:模块化的院系结构与教学体系

北京航空航天大学是一个围绕飞行器各个组成部分构建的大学,其不同组成部分构成各个学院,即航空材料、计算控制系统、制造、航空管理等若干学院,其院系设置模块化程度高。航空科学与工程学院(以下简称航空学院)是北航最具航空航天特色的学院之一,主要从事大气层内各类航空器(飞机、直升机、飞艇等)、临近空间飞行器、微小型飞行器等的总体、气动、结构、强度、飞行力学与飞行安全、人机环境控制、动力学与控制等方面的基础性、前瞻性、工程性以及新概念、新理论、新方法研究与人才培养工作。学院包含三个本科专业,即飞行器设计与工程、工程力学、飞行器环境与生命保障工程。此外,学院还设硕士点 7 个、博士点 8 个、博士后流动站 3 个。2015 年,学院对课程体系和培养方案做了一系列改革,以适应新时代要求培养人才。

同时,学院的教学活动已形成一个模块化的基本体系。学院学生在本科一年级接受数理核心与人文教育,其中人文教育走少而精路线。本科二年级学生接受专业基础教育,主要包括力学(含理论力学、材料力学、空气动力学)和设计课程。其中,力学课程等平台及课程期望达到的教学水平是学生具有与相关从业者沟通的能力(即形成一个系统集成工程的共有交流基础)。本科三年级学生接受专业教育,本科四年级学生准备考研、保研、出国或就业。2015 年的教学改革,主要是在这一基本体系上做出修改和调整,以适应社会发展对相关人才的需要。其总体建设思想即是发展素质教育,坚持实践教学。

### 6.2.2.3　建设路径:应对产业发展,实施综合改革

为应对产业不断发展的客观态势,北京航空航天大学提出发展素质教育,坚持实践教学,增设必要课程的改革思想,使学生在素质教育和实践教学中具备学习知识的动态能力,具备高尚的爱国主义情操。这种应对产业发展趋势而不断革新课程内容、实践体系、教学目标的转型路径,可称为"产业驱动"转型路径。

一是,精简专业必修课,发展素质教育。2015 年,航空科学与工程学院三个专业将原本总计 180 学分的培养方案缩减为 140 学分,主

要是将学院必修课中的专业核心类课程进行了压缩,从 27 门减少到 12 门,其核心指导思想是"极力开展通识,增加人文,即推行素质教育"。总的来讲,把学分大块从学院必修课挪给了学校通识课,一些学院必修课变成了选修课。北京航空航天大学相信,素质教育能真正激发学生的学习潜力,提高自主学习能力,在知识快速更新迭代的时代使学生受益终身。改革后,学院各专业约需修读 140 学分,其中由学院制定的学分为 50.5 的专业必修课和学分为 20 的选修课,其余学分由学校负责制定课程、实施课程教学。

二是,追踪产业发展,增设交叉课程。近年,随着产业发展变革,学院三个专业在课程设置上也有所增益和微调。例如,学院新开设热工交叉课程,此课程拓宽学生视野,补充学科交叉知识。在设计培养方案、课程体系时,也会有行业专家参与讨论,保障教育教学内容按需发展。

三是,重视实践教学,构建多方位实践教学体系。北京航空航天大学素有重视实践教学的传统,航空科学与工程学院也延续了学校重视实践教学的思想。据调研,该学院从多个方面合作发力,构建了多维度的实践教学体系,主要包括以下几种。(1)设展览馆,展示破拆飞机,显示内部结构,这主要用于飞机结构设计的课程教学。(2)提供实验场地与实验设备,供学生自主进行创新性实验。但由于缺乏教师指导,目前的实验以验证性实验为主。(3)实验室建设包括科研实验室和教学实验室。科研实验室由教师提供经费,如用于教学,学校会发放补贴。教学实验室由学校出资运转,只能用于教学。(4)硕士毕业生在进入工作单位前,参与 3 个月的实习,一半时间用于上课,一半用于训练,把理论知识向工程转换。

### 6.2.3 北京大学工学院："工程科学"转型路径

#### 6.2.3.1 转型目标：发挥自身优势，培养工程科学领军人

随着我国社会的发展，现代工业技术愈加处于关键地位。北京大学原有的学科设置偏向文、理、医等学科，在基础学科教学、科研实力占据国内首屈一指地位的同时，面向现代工业技术的工程学科未得到充分发展。在这样的背景下，与国家需求、经济建设相结合，创造自主知识产权，实现工业兴国战略，帮助北京大学基础学科研究成果进行产业化转化，为祖国的建设服务，就成了摆在北京大学面前的一项重要使命；此外，北京大学要建设成为世界一流大学，在未来尖端新技术的前沿学科和交叉学科占有一席之地，学科完备十分重要。这些需求，就要求北京大学大力发展工程学科。

但北京大学在发展工程学科时，也有所为，有所不为。如果把工程学科分为基础科学、工程技术、工程科学，北大工学院则认为工程科学是连接纯科学和工程产品的桥梁。和纯科学相比，工程科学置身于非常复杂的环境中。国家的科技发展需要这样的领军人才，他和他的团队能把解决问题的方法技术设计出来，并做几种有限的应用，但不做大规模的常规应用。中国的工程教育应该是分层分类的，当领军人才在工程科学上实现突破并小规模运用后，再由应用型工程人才来实现该方法技术的大规模运用。

著名的钱学森之问曾为中国工程教育敲响警钟。当前，我国教育改革和发展正处在关键时期。应该清醒地看到，我们的教育还不适应经济社会发展的要求，不适应国家对人才培养的要求。这也是为什么钱学森会发出感叹："这么多年培养的学生，还没有哪一个的学术成

就,能够跟民国时期培养的大师相比。"对于"中国教育不能培养出杰出人才",其中一个很重要的人才缺口即是工程科学领军人才。北京大学作为中国的顶尖高校,要抓住这一领军人才缺乏的契机,培养这样的工程科学领军人才。

### 6.2.3.2　转型优势:深厚的理医实力及一定的工程学科基础

北京大学原有的学科设置偏向理、医、文等学科,在基础学科教学、科研实力占据国内首屈一指地位的同时,面向现代工业技术的工程学科未得到充分发展。一方面,该校在理学、医学、人文、社会科学等诸方面都有极深厚的实力,基础学科研究成果丰硕。另一方面,北京大学的工科教育历史悠久,有一定基础,但需继续改革。该校于1910 年 3 月即组建了工学院(当时称"工科分科大学"),下设土木、矿冶两门。1916 年以后,经过停办、再建、扩大,到 1952 年已培养了近5000 名学生;其后工学院的师生中陆续有 23 人被评为中国科学院院士、中国工程院院士。1952 年全国院系调整,北大工学院的机械、电机、土木、建筑四个系合并到清华大学,化工系合并到天津大学;北京大学工学院的建制取消。同年,著名科学家周培源教授创立了北京大学数学力学系力学专业,这是新中国的第一个力学专业。自创立之日起,以周培源为代表的一大批著名学者,如:钱敏、吴林襄、叶开沅、陈耀松、董铁宝、王仁、周光炯、孙天风等为北大力学的创立付出了他们的努力和智慧,奠定了北大力学系发展的坚实基础。1979 年 3 月 24日,北京大学力学系成立。

总的来讲,尽管北京大学在工程技术人员培养、应用科学研究及技术开发等方面有进一步提高的空间,但该校在文、理、医及工程学科上的积累,为该校重建、改革工学院提供了基础。2005 年 2 月,北京大学校长办公会议决定利用自身强大的理科、医科以及人文学科的综合学科优势,重新创建工学院,探索符合自身特色的工学发展方式,找准自身定位,开设偏向工程科学的综合性工程院,培养工程科学领军人才。该院于 2006 年开始招收第一批本科生。

6.2.3.3    建设路径:首设博士联合培养模式,定位工程科学高
          层次人才

北京大学工学院注重推动开展高水平的国际化教育教学,定位培养工程科学高层次人才。在保持北京大学高水平的教学传统的同时,大力推进课程与教学改革,在培养科学家的同时,加大培养科技工程及产业领袖的力度,并通过联合培养、交流等多种形式,加快教育国际化步伐。

北京大学工学院在高层次工程科学人才培养上做了诸多布局。目前,在硕士层次,工学院共设硕士点 12 个、专业硕士点 2 个;在博士层次,共设博士点 11 个、一级学科博士点 3 个,见表 6-3。

表 6-3    北京大学硕、博士层次结构

| 类别 | 内容 |
| --- | --- |
| 硕士点<br>(12 个) | 生物医学工程、控制理论与控制工程、流体力学、固体力学、一般力学与力学基础、工程力学、力学系统与控制、生物力学与生物医学、能源动力与资源工程、先进材料与力学、管理科学与工程、航空航天工程 |
| 专业硕士<br>(2 个) | 工程硕士(国际药物工程管理硕士项目)、工程管理硕士(能源与资源工程管理方向、工业工程管理方向) |
| 博士点<br>(11 个) | 流体力学、固体力学、一般力学与力学基础、工程力学、力学系统与控制、生物力学与生物医学、能源与资源工程、先进材料与力学、生物医学工程、管理科学与工程、航空航天工程 |

续表

| 类别 | 内容 |
|---|---|
| 一级学科博士点<br>(3个) | 力学、生物医学工程、管理科学与工程 |

其中,北京大学与美国佐治亚理工学院开设的"生物医学工程博士""材料科学与工程博士"联合培养项目,是中美两国大学首次达成的联合培养博士项目,为全国首创。

中外两学院于2010年4月27日在京正式签署联合培养博士项目的协议,设生物医学工程、材料科学与工程两个联合博士项目。该项目将在两个校区实施,分别是北京校区(北京大学)和亚特兰大校区(佐治亚理工学院)。每学年,两校区各招收联合博士生20名(其中,生物医学工程专业10名,材料科学与工程专业10名)。联合博士项目学制为5年,学生在其主校区完成大部分课程及科研工作。同时,必须在第二校区完成至少一年的科研工作(通常在入学第三年)。所有联合博士生在北京大学、佐治亚理工学院同时注册,毕业后,学位证书由北京大学和佐治亚理工学院共同颁发。该联合培养模式是中美联合培养工科学术型博士即工程科学领军人才的一大创举,对中国工程科学领军人才的培养大有裨益。

### 6.2.3.4 特色举措一:先合后分,构建共同工学基础

北京大学定位于培养工程科学人才,与清华大学定位于培养工程科技人才形成错位竞争。进一步的,工程科学的问题往往是综合的、交叉的、多学科、多领域的需求和挑战,要突破现有学科的条条框框。因此,大类招生和培养就成为必然选择。工学院为综合性学院,本科生入学后,第一学年不细分专业,整个工学院按大类培养,是一种宽口

径重基础的培养模式。本科生第一年的基础课程见表 6-4。

表 6-4 北京大学工学院本科第一年课程设置

| 学习时期 | 适用学生 | 课程 |
|---|---|---|
| 本科第一年 | 所有工学院学生 | 数学分析(一)、数学分析(二)、线性代数与几何、计算概论(B)、算法与数据结构(B)、概率与数理统计、计算方法、普通物理学及实验、理论力学、普通化学(B)、热动力学、现代工学通论 |

在第一学年,工学院的学生统一培养基础知识,从而构建共有知识基础,为合作打下基础。在第二学年,工学院的学生不仅可以在学院内自主选修一定数量的课程,还有机会在全校范围内自由选择感兴趣的课程。这种模式有助于打破学科壁垒,实现学科交叉。专业设置不细,学生应用范围就大,学生的知识结构跨度更大。北大工学院希望学生能把专业基础学扎实,了解技术前沿,然后经过培训学会实践。

### 6.2.3.5 特色举措二:淡化数论文评估方式,实行"影响力"同行评议

聘用教师时,抛弃过去只看影响因子、数论文篇数的评估方式,着重评估教师在学界的影响力。北京大学创新性地采用同行评议方式评价教师水平,具体来讲通过 10 封评估信来评价,其中国外 7 封,国内 3 封,以此考察教师在学界的影响力和发展潜力。所进行的评估是内行评内行,不是外行评内行。

### 6.2.3.6 特色举措三:师资队伍、管理团队国际化,吸收优秀人才

"用世界的智慧与力量办世界一流工学院"是学院的办学理念。北京大学一直以建设世界一流大学为办学目标,作为其重要组成部分,北京大学工学院也力求通过特色发展道路建成为世界一流工学

院。北大工学院在师资队伍建设、教育管理等方面努力吸引工程科学及企业领袖人才,做了以下探索。

师资队伍建设方面,北京大学工学院采用国际通行聘任制度(tenure-track),面向全世界公开招聘优秀人才。目前学院有正式教师110人,其中有院士2名,千人计划、长江学者、国家杰出青年基金获得者等30余人,并有国家基金委"创新团队"一支。他们在多个领域领军着国家的重大科技攻关工程。学院是北京大学"国家千人计划"获得者人数最多的学院,也是北京大学高端人才比例最高的学院之一。

第二年,学生在充分认识自己特长后,可以选择更适合自己发展的方向,在学院的本科专业中选择专业。2010年前,北京大学工学院分设理论与应用力学专业、能源与资源工程、航空航天工程、工业工程与管理四个专业,每个系下设若干研究方向,其必修课与选修课见表6-5。2010年后,新增生物医学工程、材料科学与工程专业。

教育管理方面,吸纳著名科学家即企业领袖等进入教育管理高层。工学院成立了指导委员会及理事会,吸收世界著名科学家进入指导委员会,吸收国内外大型企业领袖和地方政府领导进入理事会。该指导委员会和理事会将集结全球智慧为学院的发展战略、资源拓展献计出力。

表 6-5　北京大学工学院专业设置(本科第二年始)

| 专业 | 学位 | 简介 | 必修课 | 选修课(适用于所有工学院学生) |
|---|---|---|---|---|
| 理论与应用力学 | 理学位 | 前三学期学习基础课,此后按"流体力学""固体力学""一般力学(动力学与控制)""计算力学"等专门化方向分流培养并完成毕业论文。毕业后既可继续在这些专门化方向攻读研究生,也可从事各工程科学、计算机应用等方面的新技术开发工作和教学工作 | 高等微积分、高等代数、常微分方程、材料力学、数学物理方法、弹性力学、流体力学、力学实验等 | 微机原理、固体力学进展、流体力学进展、工程材料概论、生物医学工程概论、系统工程概论、系统与控制引论、智能优化算法引论、生物固体力学、生物流体力学、计算流体力学、粘性流体力学、塑性力学、振动理论、断裂力学、弹性板理论、弹性力学变分原理、气体力学、传热传质引论、工业空气动学、工程塑性力学、工程流变学、经典力学中的数学方法等 |
| 工程结构分析 | 工学位 | 不仅有扎实的数学、物理、力学、实验及计算机的基础培养,而且着重培养学生有关结构工程的分析和计算机辅助设计能力,使他们成为以应用与发展计算机技术、进行结构设计与分析为专长的人才,毕业后可以继续读研 | 高等微积分、高等代数、常微分方程、材料力学、工程数学、工程流体力学、工程弹性力学、结构力学及其矩阵方法、工程设计初步等 | |
| 能源与资源工程 | 工学位 | 前三学期学习基础课,此后根据学生意愿,分到"可再生能源""节能技术""油气工程技术""水资源""资源勘探"等专门化方向分流培养并完成毕业论文。毕业后既可继续在这些专门方向攻读研究生,也可从事可再生能源技术、水资源、能源勘探开发利用等方面的新技术开发和教学工作 | 世界能源与资源通论、普通地质、资源地理、流体力学、传热传质学、渗流物理、应用地球物理学、遥感与地理信息系统、数值模拟、微观经济学等 | |
| 航空航天工程 | 工学位 | 定位为:"理科基础、工科取向。"从一年级的基础课起,航空航天工程专业的本科生就要受到高于工科院校的严格的数学、物理、化学训练,在专业基础课阶段又分别受到严格的流体力学和固体力学基础理论训练。在专业知识培养方面,强调学生具有较宽的知识面而不局限于某个专业领域。依靠北京大学工学院原有的优势学科,在"气动与推进""结构与材料""控制与导航"三个方向开设一批有特色的专业课程。学生可以根据自身兴趣及科研需要在其中任选一组专业课程。毕业生可直接进入航空航天部门的科研院所和工程单位工作,也可在航空航天科学与技术、力学等相关专业继续深造 | 空气动力学、飞行器结构力学、航空航天概论、机械设计基础、电路与电子学、自动控制原理、工程热力学、飞行器总体设计、飞行器结构设计、理论力学、材料力学、航空航天工程专业限选课(至少21学分)等 | |

### 6.2.4　天津大学化工学院分子科学与工程专业："学科融合"新兴路径

#### 6.2.4.1　建设目标：打破学科边界，解决真实问题

要建立一个新兴专业来解决真实世界的问题，所需要的知识往往是跨学科的。一个专业可能只涉及一个学科，更多的时候我们需要同时动用多个学科知识，这些学科甚至属于不同学科门类，这样的专业往往被称为"跨学科专业"或培养"复合型"人才的专业。专业（专门学业）是根据社会的专门职业分工的需要来设置的，是"处在学科体系与社会职业需求的交叉点上"，在当今时代更是强调和凸显对多个学科的知识的综合运用。因此可以说，学科是个"分"的概念，而专业相对学科来讲则是"合"的概念。

在理解了"专业更倾向于将不同学科门类中分门别类的知识整合起来"这一观点后，就不难理解新时代发展中天津大学"理＋工"的建设新专业的思路了。以分子科学与工程专业为例：高新技术的发展对新型功能性化工产品提出了更高的要求，可持续发展战略的实施对环境、能源、资源等提出了许多亟待解决的课题。可以说，传统的化学、化工类专业，都不足以解决化学以及相关的环境、材料和生命科学的问题，只有将两者结合起来，才能优化化学与化工教学内容，增添新的交叉学科知识，才能培养适应国家发展需要的，具有良好人文素质和宽广深厚的化学、化工基础，具有较强的创新意识、科研能力和化工新产品研发与产业化能力的复合型人才。高新技术发展到一定程度后，对理工融合带来更高要求，天津大学化工学院分子科学与工程专业的建设正是为了实现这一目标。

6.2.4.2  优势基础：天津大学的精品化工，与南开大学的精品化学

天津大学是"211 工程""985 工程"首批重点建设的大学，以培养高素质拔尖创新人才为目标，坚持"办特色、出精品、上水平"的办学思路，坚持"育人为本""教学优先""质量第一"的教育教学理念，对学生实施综合培养，不断加强本科教育，大力发展研究生教育，建立起了适应新世纪经济建设和社会发展需要的教育教学体系。正是因为其不断适应新世纪经济建设和社会发展需要的发展理念，天津大学在新兴工科建设中做出了诸多探索。学校创新性地探索以己之"理"加彼之"工"的校校合作办学模式，将自己的工科优势专业与南开大学的理科优势专业结合，强强合作，建立理工融合的新兴工科专业两个，分别是分子科学与工程、光电信息科学与工程，本案例选择分子科学与工程为例。

正是由于传统的化学、化工类专业，都不足以解决化学以及相关的环境、材料和生命科学的问题，才要探索将化学与化工类专业结合起来的办学模式，而两者的合作是真正意义上的"强强联手"。天津大学化工学院和南开大学化学学院均多次在教育部高校学科评估中分列"化学工程与技术"与"化学"学科排名全国第一，天津大学化工学院和南开大学化学学院均是两校最具优势和影响力的学院，拥有两院院士8名，国家杰出青年基金获得者 19 人，教育部"长江学者"特聘教授 12人，"长江学者"讲座教授 2 人，教授和博士生导师 156 人，教学、科研实力非常雄厚。此外，天津大学与南开大学毗邻，为合作办学提供了得天独厚的地理便利。这些条件构成了两校强强联手合作办学的基础。由此，在天时、地利、人和的客观条件下，两者理工结合，展开了全

新的办学探索之路。2003年,天津大学化工学院和南开大学化学学院在教育部支持下,集成各自优势和特长,联合设立了"分子科学与工程"专业。

### 6.2.4.3 建设路径:"学科融合"新兴路径,探索实现理工交叉

根据教育部和天津市重点共建协议精神,本着"独立办学,紧密合作"的原则,天津大学与南开大学在本科生培养方面开展了卓有成效的合作办学,两校优势互补,通过教师互聘、学生互相选课、学分互相承认等方式,实现了资源共享。分子科学与工程专业既是这一"独立办学,紧密合作"模式下所建的新专业。截至2013年,该专业是我国唯一一个由两个985学校的优势学科合办的专业。

该专业在全国范围内招生,其办学采用"2+2"模式,天津大学化工学院和南开大学化学学院各招生30名,分别称作"天大班"与"南开班",采取理工交叉培养的新思路,通过"学科融合"新兴路径,探索实现理工交叉,为社会培养高层次复合型人才。学生于天大及南开分别学习生活两年,充分感受两大名校不同氛围与气质。据了解,根据天津大学与南开大学共同拟定的合作培养协议,两个班级均先在南开修读两年,再在天津大学修读两年。其间,两个班共同培养,除实验课程外,几乎同课堂学习,完全实现了两校资源共享,不存在差别化对待的问题。

两个学校除共同精心制订人才培养方案和教学计划外,还选派优秀的主讲教师授课,提供最好的实践教学条件,实施有利于创新人才培养的教学管理模式。毕业后,学生将获得报考高校(天津大学或南开大学,其一)颁发的毕业证书及天津大学、南开大学两校共同盖章的

双主修学位证书,授予南开大学理学学士和天津大学工学学士的双学士学位。

### 6.2.4.4　特色举措一:避免简单相加,探索细分领域

分子科学与工程专业既不同于传统的化学、化工类专业,更非化学与化工专业的简单相加,它注重用分子层次的理论和知识解决化学以及相关的环境、材料和生命科学的问题,同时立足于国家亟待发展的功能性化学新产品研究、开发与产业化的需求,优化化学与化工教学内容,增添新的交叉学科知识。

该专业本科层次的专业课程有三类。第一类,较为传统的化学、化工基础课程,包括:无机化学、有机化学、分析化学、物理化学、结构化学、高等无机化学、高等有机化学、化工原理、化工热力学、化学反应工程等。第二类,交叉学科性质更强的课程,包括:生物化学、生物化工、环境化工、化工安全与环保等。第三类,高分子细分领域的化学化工课程,包括:高分子化学、高分子物理、功能高分子材料等。

正是由于其课程兼顾传统基础课程、交叉课程与细分领域课程,该专业学生在毕业时将同时具备扎实的理论基础、运用交叉学科知识处理实际问题的能力以及细分领域的专业能力。

### 6.2.4.5　特色举措二:续建化学化工协同创新中心,领航协同发展

经多年发展,天津大学、南开大学共设的"分子科学与工程"本科专业已招收 10 届学生,培养近 600 名学生。天津大学、南开大学共建的"天津绿色化学化工实验室",在医药合成与生产、新能源材料与技术、催化反应过程强化等领域取得多项成果。为贯彻落实胡锦涛同志在庆祝清华大学建校 100 周年大会上的重要讲话精神,贯彻实施教育

部、财政部《关于实施高等学校创新能力提升计划的意见》,积极开展协同创新,促进高等教育与科技、经济、文化的有机结合,大力提升高等学校的创新能力,支撑创新型国家和人力资源强国建设,天津大学、南开大学联合组建"天津化学化工协同创新中心"(如图 6-1)。

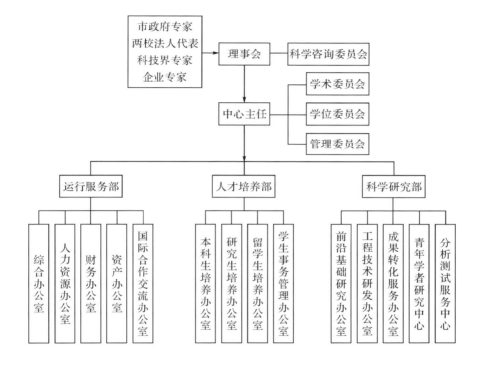

图 6-1  天津大学化学化工协同创新中心组织机构

中心于 2011 年 9 月开始筹建,于 2012 年 5 月正式建成,并召开化学化工领域专家研讨会,探讨中心的发展建设规划;2012 年 8 月 16 日召开第一次理事会,通过了理事会章程,理事会、科学咨询委员会和管理委员会成员名单,通过并试行了包括人事管理、科研管理、考核评价、资源共享、人才培养等 13 项机制体制改革文件;两校已投入 3.2 亿元专项经费用于中心试运行;聘请了加拿大工程院院士祝京旭、美国亚利桑那州立大学教授林跃生和日本国立富山大学教授椿范立等海外化学化工领域权威学者,以及来自两校和合作单位的专家 200 余人,包括院士 14 人(其中外籍院士 1 人),国家千人 10 人,长江学者及杰青 26 人,汇聚了 4 个国家重点实验室在内的 11 个国家级研究基地以及 12 个省部级研究基地。2013 年 4 月 11 日,教育部发布了 2012 年度"2011 协同创新中心"认定结果。"天津化学化工协同创新中心"成为全国首批 14 个"2011 协同创新中心"之一,这也是天津第一家通过教育部认定的协同创新中心。

中心以南开大学化学学科和天津大学化工学科的协同融合为核心,选择国内知名科研机构"中国科学院过程工程研究所"和位居世界 500 强企业前列的"中国石油化工集团公司"以及区域行业龙头企业"天津渤海化工集团公司"为合作单位,通过校校、校所、校企之间和国际的深度合作,形成一个具备世界一流创新能力,满足国家重大需求的化学化工协同创新体。中心现已组建科研团队 14 个,将在能源、资源、环境、健康等领域,联合开展原始性、前瞻性、基础性和应用性创新研究,不断培养、汇聚一批国际学术领军人才与科研创新团队;开发一批具有自主知识产权的重大原始创新成果;输出一批拔尖创新人才,创造出巨大的经济效益与社会影响,打造国际化学化工学术领域的知名科研平台、创新平台和技术辐射平台。

6.2.4.6　特色举措三:深化学科沉淀,探索本硕一贯制培养模式

分子科学与工程专业所培养的人才需具备交叉学科知识,具有良好人文素质和宽广深厚的化学、化工基础,具有较强的创新意识、科研能力和化工新产品研发与产业化能力。可见,该专业的人才培养是具

有难度、耗时较长、需要长期沉淀的,这样的任务难以在短短的本科四年内完成。该专业本科生就业情况远不如硕博士研究生就业情况理想。学校急需探索一种深化学科沉淀的培养方式,为长期培养该专业学生拓宽道路。

为此,学校积极拓宽本硕连读培养模式通道,将专业毕业保研比例提高到 40% 左右,每年保送读研和出国留学深造的人数占应届毕业生的半数以上。这样,学生毕业后能具有广泛的适应性,可进入石油、化工、制药等相关行业的大中型国有企业及三资企业、各类科研院所和高校等单位从事研发、教学、设计、管理等工作。

### 6.2.5  上海工程技术大学城市轨道交通学院："学科融合"新兴路径

#### 6.2.5.1  建设目标:满足产业的发展式需求

在我国,城市轨道交通一般由国企进行垄断建设,在上海,则由上海地铁运营有限公司(后更名为上海申通地铁集团有限公司,以下简称"申通地铁")垄断建设。2005 年,上海地铁线路只有几十千米,根据当时的规划,到 2010 年上海的地铁线路将超过 400 千米。放眼全国各大城市,一股建设地铁的热潮正在兴起,社会对与轨道交通相关人才的需求不言而喻。

在上海市轨道交通快速发展的同时,申通地铁对人才的需求也出现了新的变化。那时,申通地铁的一线运维工人主要是高职高专院校毕业生,然而随着轨道交通技术的发展以及新兴设备的引进,高职高专院校毕业生已难以满足他们的需求。高职高专毕业生虽实践能力较强,但理论知识和综合素质较为欠缺,难以适应轨道交通的迅速发展,故人才供需形成缺口。申通地铁急需一批既具较强实践能力,又具备一定理论知识,且综合素质良好的一线运维工人,他们比高职高专毕业生有更强的分析问题、解决问题的能力,达到技师和高级技师的级别。这些一线运维工人无法通过高职高专院校培养,又不同于"985""211"院校培养城市轨道交通设备设计制造人才的目标,从而形成一个人才需求"真空"。

上海工程技术大学是工程技术、经济管理和艺术设计等多学科互相渗透、协调发展的全日制普通高等学校,属地方高校、二本院校。学校坚持依托现代产业办学,服务经济社会发展的办学宗旨,坚持现代化工程应用型特色大学的办学定位,以现代产业发展需求为导向,学科群、专业群对接产业链和技术链,以产学研战略联盟为平台,以实践能力和创新能力培养为核心,构筑与行业企业协同育人、协同办学、协同创新的"三协同模式",形成了特色鲜明的办学模式和人才培养模式,培养高等工程应用型人才,成为优秀工程师和工程服务人才的摇篮。正是由于其依托现代产业办学、坚持现代化工程应用型特色大学的办学定位,以及愿意主动适应上海和全国城市轨道交通发展的需要的理念,上海工程技术大学与申通地铁公司一拍即合,合作培养本科层次的铁道运维人才,填补人才需求"真空",满足产业对铁道运维人才的发展式需求。

6.2.5.2　建设优势:存量交通运输学科群,构建城市轨道交通新专业基础

上海工程技术大学原有的机械工程学院、材料学院、汽车工程学院和管理学院的相关学科组成的学科群,为城市轨道交通系列新专业

的建设提供了基础和支撑。值得一提的是,上海工程技术大学于 1987 年与上海汽车总公司合作成立的汽车工程学院,该学院为城市轨道交通学院系列专业的建设提供了许多基础。汽车工程学院是上海市最早创办汽车专业、汽车类专业门类相对齐全的学院。学院下设车辆工程、交通运输、汽车服务工程、汽车营销等 6 个本科专业,1 个车辆工程硕士点,2 个专业与美国劳伦斯理工大学(LTU)合作办学。学院承担了"交通运输"国家级特色专业建设项目 1 项、上海市教育高地建设项目 2 项,建成上海市教学团队 1 个。学院拥有"载运工具(汽车)运用工程"上海市教委重点学科和"现代汽车运用工程"上海市重点学科,与上海汽车工业(集团)总公司和上海交运(集团)公司联合建成了 2 个国家级工程实践教育中心。车辆工程专业为教育部"卓越工程师教育培养计划"首批试点专业。这些交通运输学科群成为城市轨道交通学院成长的沃土,为其茁壮成长提供了养分。

6.2.5.3　建设路径:工科学科群交叉复合,"底盘对接"设置专业

2005 年,上海工程技术大学与上海地铁运营有限公司(后更名为上海申通地铁集团有限公司,以下简称"申通地铁")充分发挥双方优势,建立"产学研战略合作联盟",合作成立了全国第一所专门培养轨道交通专业人才的学院——上海工程技术大学城市轨道交通学院。城市轨道交通学院目前下设 4 个本科专业,分别是:车辆工程(城市轨道交通车辆工程)、轨道交通信号与控制、交通运输(城市轨道交通运营管理)、交通工程。上海工程技术大学依托原有的机械工程学院、材料学院、汽车工程学院和管理学院的学科群,通过"工+工"交叉复合形成新专业,是新工科建设中"学科融合"新兴路径的集中体现。

上海工程技术大学和申通地铁共建的城市轨道交通学院在发展前期主要为申通地铁培养人才,学院称,它们按照"底盘对应"的方式,对照公司主要部门,设立四个专业。学院下属的车辆工程(城市轨道交通车辆工程)专业直接培养申通地铁所需的车辆检修工等;轨道交通信号控制专业直接培养申通地铁所需的通信工与信号工;交通运输(城市轨道交通运营管理)主要培养列车司机及调度员;交通工程主要培养结构维护工、线路工等。

这种"底盘对应"的方式,使得人才的培养极富针对性,学生基础知识扎实。根据调研访谈,城市轨道交通学院教授称,该学院培养的学生基本可实现与地铁行业的无缝对接,在毕业工作后,上岗前所需岗位培训时间较其他院校可大大缩短,基本可缩短至两个月,受到用人单位的极大认可。

### 6.2.5.4 特色举措一:构建合理顶层设计,保障学院按需发展

申通地铁公司的人才需求"真空"需要由 211 高校、985 高校和高职高专院校之间的"夹层院校"来培养。在上海的众多"夹层院校"中,申通地铁反复观察、沟通,最终与"依托现代产业办学、坚持现代化工程应用型特色大学"路线的上海工程技术大学一拍即合,达成战略合作,建设全国第一个城市轨道交通学院,按照工种一一对应设立相关专业,培养本科层次的一线运维工人,并将企业问题以横向课题方式转移到学校进行研究,从人才培养和实际问题解决两个方面形成产学研合作。

为保障共建学院按照符合企业要求的方式办学,申通地铁公司方代表人深刻渗入了共建学院的顶层设计机构——城市轨道交通学院

的理事会、学术委员会及专业委员会。一是，学院的理事会的理事长由上海工程技术大学的校长和申通地铁董事长为“双理事长”，负责学院重大工作的决策。二是，学院的学术委员会负责开展学院学科建设的技术咨询，专业委员会负责进行专业建设的技术指导，这两个委员会均有申通地铁工程师参与。在这样的顶层设计下，申通地铁直接委派领导和工程师参与学院管理工作，如学生培养方案的制定，保障了学院按需发展，从而避免了学院的人才培养模式、课程内容设置等脱离实际需求。

### 6.2.5.5　特色举措二：充分利用企业条件，全方位开展产学研合作教研

城市轨道交通学院在人才培养和服务社会方面所体现的产学研合作是全方位的，主要体现在以下八个方面。一是，建立知识服务平台，即知识输出平台，将申通地铁在运维中遇到的实际问题以横向课题或毕业论文选题形式提供给学院，由学生和企业导师、学院导师共同完成；二是，学院学生大规模、高学时地在申通地铁实习，本科学生在四年学习过程中，有总计至少一年的企业实践时间；三是，学院为申通地铁长期提供员工培训；四是，学院利用申通地铁废弃轻轨路段，建设全国第一实景实践教学基地，从而获得得天独厚的实景实践教学条件；五是，学院教师需至包括申通地铁在内的企业的技术性现场岗位进行为期一年的挂职锻炼，从而丰富教师实践经验，建设双师型师资队伍；六是，申通工程师将赴学院开设相关课程，并指导学生参与课题；七是，开展上海地铁 9 号线的学生志愿维保活动，高效解决运营中出现的实际问题；八是，申通按年度为学院提供办学经费，该经费在办

学初期占学院办学经费的较大比重。

### 6.2.5.6 特色举措三:坚守自我定位,保持错位发展

培养本科层次的一线运维工人既是城市轨道交通学院建立的初衷,也是该学院继续坚持的原则。放眼全国,同济大学、西南交通大学、苏州大学均有类似专业,但"985""211"院校在知识类型上更重理论,且学科所覆盖的工种不如城市轨道交通学院全面。而城市轨道交通学院在知识类型上更注重工程实践,且工种覆盖全面。在任务分工上,"985""211"院校处于城市交通产业链的前端,如车辆制造生产,而城市轨道交通学院处于城市交通产业链的后端,专注于城市轨道运营维护。学院与"985""211"本科院校形成错位竞争,衍生出自己的特色,稳锁定位,不攀高枝,坚持如此,从而为学院带来蓬勃生机。

### 6.2.5.7 特色举措四:跳脱单一支撑,实现战略平衡

学院在办学初期针对性地为申通地铁培养人才,取得良好收效。由于申通地铁试图降低每千米运营所需人力的成本,其人才吸纳量在减少,学院将逐步探索拓宽专业范围,以提高学生工作适应性,不仅服务于申通地铁,也服务于全国其他地区特别是江浙一带的地铁企业。学院初期在与申通地铁的合作中取得良好收效,积累了办学经验,提高了学院声誉,强化了办学实力,这将极大有助于学院后期相对独立地办学,并为全国地铁及其他相关部门输送更多的优质人才。目前,学院毕业生就业已逐渐扩散至施工单位、运营单位及相关培训部门。这种由密到疏、由点及面的发展模式有助于学院的快速成长,也有助于学院跳脱唯一的支撑而有战略地平衡发展。

### 6.2.6　复旦大学数据科学与大数据技术专业："学科衍生"新兴路径

#### 6.2.6.1　建设目标：紧抓新兴领域人才缺口，定位培养复合型人才

21世纪，大数据伴随着技术与信息的革命应运而生，海量数据的收集促成了大数据时代的到来，彻底改变了计算数学、计算机科学、统计学、软件工程的许多方面：从硬件到软件、从存储到超算、从数据库到数据安全、从网络传输到并行计算、从数据分析到统计建模、从科学计算到优化方法等。大数据的出现为健康医疗、科学发现、技术创新、商业管理和政府决策等带来了信息海啸驱动的又一次工业革命，同时也在方方面面改变着人类的工作生活和通信方式。各行各业技术创新所产生的大量数据增加了对海量数据处理和分析的强烈需求，进而催生了一门新兴诱人的学科和职业：数据科学。

同时，由于其知识领域的复杂性，数据科学这一新兴领域面临巨大人才缺口。数据科学的四大基础支撑性学科是计算数学、计算机科学、统计学、软件工程，数据科学所需人才需比统计学科掌握更多计算机技术，又比计算机科学了解更多的统计学和数学知识，且需将这些知识与软件工程相结合。正是由于这种新兴性与复杂性，尽管各国政府、企业和学校都在致力于培养大数据人才，但全世界大数据人才仍然匮乏[1]。

大数据科学的广阔前景和大数据人才的严重匮乏为复旦大学建设大数据学院提供了契机。复旦大学将该专业的办学目标定位为培

---

① 调研所获官方材料，复旦大学大数据学院、大数据研究院范剑青院长寄语。

养掌握面向大数据应用的数学、统计学、计算机科学、软件工程基础理论和方法,熟练运用各种大数据分析技术和手段;在数据建模、数据管理和分析、统计推断的基本理论、方法和技能方面进行系统学习;同时具备自然科学和社会科学等领域中大数据的应用分析技能的复合型人才。

### 6.2.6.2 建设优势:三大基础学科,盘活存量资源

为响应国家创新驱动的发展战略,向建设成为世界一流综合性大学的目标迈进,并在上海建设具有全球影响力科技创新中心的进程中贡献关键力量,复旦大学整合学科资源优势,启动以大数据为主要方向和特色的创新型学院及研究院的规划建设。复旦大学在计算数学、计算机科学、统计学三大基础支撑性学科上的优势又为大数据学院的建设带来了成功的可能。2015 年 10 月,复旦大学大数据学院和大数据研究院正式成立,设数据科学与大数据技术专业,并于 2016 年开始从大数据的相关支撑学科——计算数学、计算机科学、统计学的二年级学生中招收第一批学生,当年招生 36 人。到 2018 年,该专业将探索建立"本科—硕士—博士"完善的大数据专业人才培养体系。

正是由于复旦大学的这些已有学科所具备的优势资源,可以说,学校在学科基础、师资队伍、办学设施等若干方面已完全具备了设立数据科学和大数据本科专业的条件。目前,该专业暂且授予理科学位,但大数据是"中国制造 2025"重大领域"新一代信息技术"的关键方向,未来,当学科生长到达一定程度并进一步实现产业驱动、产业应用后,将十分有可能成为一项引领前沿的工程技术,有望授予毕业生工科学位。目前,它的发展是这一宏观趋势的雏形。

　　该专业主要服务于大数据人才培养,大数据与其他相关学科的交叉研究与科研成果转化,并获得了虹口区人民政府的支持。复旦大学大数据学院和大数据研究院共同致力于大数据相关的科学研究、人才培养和产业创新,将以计算机科学、统计学为支撑学科,与经济学、管理学、医学、生命科学、新闻学、社会学、心理学和环境学等众多学科进行深度交叉研究。同时,在经济金融、信息安全、人工智能、生物医药、临床诊疗、社会管理、媒体传播和能源环境等领域从校内外引入若干跨学科研究团队,面向产业需求推进基础研究成果的产业转化。

6.2.6.3　建设路径:基础学科深度融合,应用理科向工科衍生

　　复旦大学在计算数学、计算机科学、统计学三大优势支撑性学科基础上,建设大数据学院数据科学与大数据技术专业,实现应用理科向工科的延伸,可称之为"学科衍生"新兴路径。其基础学科的深度交融及向工科的衍生主要体现在课程体系上。

　　根据研究组实地调研所获《数据科学与大数据技术专业教学培养方案(讨论稿)》,未来课程设置将包括通识教育课程(43学分)、大类基础课程(29学分)、专业教育课程(68学分)和任意选修(3学分)四个部分,共计143学分。其中,专业教育课程(68学分)又分为专业必修课程(48学分)与专业选修课程(20学分)。该学院的学科建设过程依托于复旦大学的数学、统计学、计算机科学等学科,在这些学科的支撑下,各个学科的优质智力、人力、课程资源将向大数据学院开放共享,学院将夯实数据科学基础,在人才培养中体现交叉学科优势。这一办学理念深度体现在了专业选修课程中。学院积极调动学校文、理、医、工等各学科积极参与大数据科学研究,在专业选修课中开设数

学、计算机、生物、经济、社会、卫生、药学等相关课程,确保学生教育过程实现学科交叉。

具体来讲,学院将专业选修课程分为"统计与分析""系统与数据挖掘""理医工学大数据分析""社会科学大数据分析"四个模块,每个模块中包含多项数学、计算机、生物、经济、社会、卫生、药学领域课程,课程由复旦大学原有相关学院开设。学生需从每个模块中至少选择一门课程,总计至少需达到20学分。该专业的专业及选修课程见表6-6。表格中,来自数学、计算机、生物、经济、社会、卫生、药学领域的课程分别标识为(M)、(C)、(B)、(E)、(S)、(P)、(Me)。

表6-6　复旦大学大数据学院数据科学与大数据技术专业本科生的专业及选修课程 *

| 课程类 | 其中<br>课程子类 | 课程 |
|---|---|---|
| 专业教育<br>课程(68<br>学分) | 专业选修<br>课程(20<br>学分) | 以下四个模块均需至少选择一门课程,总学分至少20分。<br>统计与分析模块:凸优化、数学模型(M)、数值算法与案例分析Ⅱ(D)、随机过程导论、统计学基础:原理、方法及R应用Ⅱ(D)、预测分析学、时间序列与空间统计(D)、数据融合与同化、随机分析(M)<br>系统与数据挖掘模块:数据挖掘、高级大数据解析(D)、大数据管理、数据可视化(D)、计算理论、人工智能(D)、计算机视觉(C)、算法设计(C)<br>理医工学大数据分析模块:医学与生物信息挖掘、移动数据挖掘、文本挖掘与解析、生物统计学(B)、组学数据的统计分析和挖掘(B)、从生物学和统计学视角看人类疾病(Me)、卫生统计学A(P)、心理统计学Ⅰ(S)、心理统计学Ⅱ(S)<br>社会科学大数据分析模块:金融计量学、商务分析、社交网络挖掘、大数据传播与新媒体分析、社会数据管理与分析、经济学分析与应用、大数据经济与金融学、计量经济学(E)、金融风险管理(E)、社会科学方法论(S) |

\* 数据来源:实地调研所获官方资料《数据科学与大数据技术专业教学培养方案(讨论稿)》。

6.2.6.4　特色举措一:产学研联合办学,提供实践平台与科研资源

大数据学院及配套的大数据研究院的建设,本身即是产学研合作的成果。2015年4月,复旦大学与中植企业集团签订战略合作协议,合作建设大数据学院。不仅如此,通过这一校企合作模式,双方还建设了大数据研究院,在医疗卫生、经济金融、能源环境、媒体传播、城市管理等领域从校内外引入若干支跨学科研究团队,并建成若干个研究所。根据协议,中植企业集团需在学院开办第一个五年之内捐赠2.5亿元人民币襄助复旦开展大数据科学与技术领域学科建设、师资建设、人才培养与研究应用。在中植企业集团的支持下,大数据学院与大数据研究院同步建设,研究院的各类大数据交叉学科研究平台聚集了复旦大学各个优势学科的教师资源。

校企合作模式为大数据学院及大数据研究院的办学和研究提供了至少两点优势。其一,为教学和科研提供了优秀的实践平台和科研平台。该学院拥有开放式的大数据试验场,通过大数据存储平台、云计算平台、超算平台和核心数据库系统的支持平台,服务于大数据学院和大数据研究院以及全社会需求的科研教学与产业应用。在类脑人工智能、电力大数据与智慧能源、人口大数据与公共治理、大数据统计决策与管理、大数据医疗与医药等领域,都已经建立了研究平台,为学生参与大数据应用研究、拓展视野、提高解决实际问题的能力提供了最佳舞台。

其二,解决了许多院校大数据专业发展过程中难以获得大数据这一"巧妇难为无米之炊"的问题。所构建的大数据试验场,为大数据试验供应了充足的数据资源,提供大规模数据收集、存储、分析、计算等

服务和硬件支持。该学院从企业获得所需研究数据，并将研究成果更便利地输出给企业，从而实现合作育人、共同发展。

### 6.2.6.5　特色举措二：构建平滑的过渡期培养方案，助力新专业顺利建成

学院于 2016 年开始实施首批招生，2016 至 2018 年被定位为过渡阶段。由于学院的专业由四大基础支撑性学科整合而来，设计一套平滑的过渡机制有助于新专业的顺利诞生。在过渡期，选拔复旦大学具有统计学、计算机科学、数学等相关学科背景、勤奋好学、独立自强、学习成绩优秀、具有较强学习能力和发展潜质的本科二年级在校学生，以转专业形式进入大数据专业学习，推动复旦传统优势学科如数学、计算机科学、软件工程、统计学等的融合与提升，拓展数据科学与生物学、医学、经济学、管理学、社会学等学科的交叉。

具体来讲，培养过程分为两个阶段，第一阶段为大一、大二学期，学生在复旦学院和相关院系接受通识教育和文理基础教育。第二阶段为大三、大四学期，学生转入大数据学院学习，接受专业教育和应用教育。在这两个学期，该专业按不同来源学院分设四套课程体系，以补足各自学生知识背景短板。转入大数据学院的学生毕业时将获得原专业学位，后标注大数据方向。2018 年，该专业将实现高考招收理科生，按统一培养方案教学，并将建立"本科—硕士—博士"完善的大数据专业人才培养体系。

### 6.2.6.6　特色举措三：创设原创必修课程，引进高水平教学资源

在整合已有学科课程资源和师资资源基础上，开展原创性课程必不可少。大数据学院引进 11 位国外高水平高校（主要是美国高校）计

算机、统计学等领域教授兼任学术指导委员会委员,为大数据学院学术发展、引进人才、学术培养进行指导。该委员会经过论证,设计了15 个全新课程,设为该专业的必修课程(总计 48 学分),借鉴国内外经验进行教材引进和建设。此种课程为全新设置的课程,在学校原有课程库中从未开设过,是为"新工科"量体裁衣的新课程,该部分课程在表 6-7 中标以"(D)"。

新创设的课程需要配以优质的师资队伍,该专业该类课程的师资队伍基本从海外引进。专业建设一年多来,着重引进以下几类成熟、有国际影响力的优秀领军人物:普林斯顿大学终身教授、美国统计学会会士、国际数理统计学会前主席、国家"千人计划"特聘教授等。未来,该专业还计划用 5 年时间从海内外引进 50 名左右的高水平教职人员,引进人才主要来自统计学、数学和计算机学科领域,从而建设一批顶尖师资队伍。其教学所用部分课本或讲义也从海外引进,保障了新设课程的教学内容充实、新颖。

表 6-7 复旦大学大数据学院数据科学与大数据技术专业的必修课程*

| 课程类 | 其中的课程子类 | 课程 |
|---|---|---|
| 专业教育课程 68 学分 | 专业必修课程(D) 48 学分 | 程序设计、数据结构、统计学基础:原理、方法及 R 应用 I、概率论基础、计算机原理、数据库引论、数值算法与案例分析 I、文本数据管理与分析、金融与经济数据挖掘、统计(机器)学习概论、统计计算、大规模分布式系统、神经网络与深度学习、生产实习、毕业论文(含专题讨论) |

* 数据来源:实地调研所获官方资料《数据科学与大数据技术专业教学培养方案(讨论稿)》。

### 6.2.6.7 特色举措四:步步为营,创建完善的"本—硕—博"人才培养体系

复旦大学大数据学院将为大数据人才提供完善的培养体系。学

院将夯实数据科学基础、在人才培养中体系交叉学科优势,同时以学术型、应用型双导师培养机制打造大数据新型人才,在人才培养的本、硕、博三个层次为人才发展提供全面保障。2017 年,该专业计划招收本科生 70 人,并开始招收硕士生,含国际商务(大数据商务与管理方向)和应用统计(大数据统计方向)两个专业,与原有国际商务、应用统计专业并行,但名额为新增、增量。2018 年计划招生 80 人,并将实现高考招收理科生,建设一级学科博士点"大数据科学与技术",下设"大数据系统与计算""大数据统计与分析"两个二级学科博士点。至此,学校将建立完善的"本科—硕士—博士"的大数据专业人才培养体系。

(1)本科生专业为"数据科学与大数据技术"。采取"2+2"模式,即大数据学院本科生培养包含两个阶段,第一阶段为通识教育+基础教育阶段,在复旦大学和相关院系完成学业;第二阶段为专业教育+应用教育阶段,在大数据学院完成学业。

(2)专业硕士学位为国际商务(大数据商务与管理方向)和应用统计(大数据统计方向)。专业硕士学生在两年内需修读基础性数据科学与大数据技术课程以及应用性大数据分析课程、参与大数据研究院应用实践项目方可毕业。根据研究组调研所获的国际商务(大数据商务与管理方向)和应用统计(大数据统计方向)专业介绍材料,两个专业的培养目标定位清晰、突出实践,能较好地适应产业需求。

其中,国际商务(大数据商务与管理方向)专业硕士旨在培养兼具大数据分析计算能力与商务管理知识背景的复合型人才。项目着重培养学生的大数据思维和分析计算、项目实践能力,面向互联网+新业态的需求,增加学生基于大数据进行商务模式设计、产业竞争策略优化的能力。课程总学分 40 分,课程体系如表 6-8 所示。

表 6-8 国际商务(大数据商务与管理方向)专业硕士课程体系*

| 课程类 | 课程 |
| --- | --- |
| 公共课<br>(6 学分) | 研究生英语、中国特色社会主义理论与实践研究 |
| 学位基础课<br>(9 学分) | 以下课程中选 3 门:<br>统计原理及方法、统计计算、数据挖掘、机器学习与信息检索、国际商务与电子商务、高级经济学分析与应用 |
| 学位专业课<br>(9 学分) | 以下课程中选 3 门:<br>大数据方法/解析、数据库及实现、数据可视化、数值分析 I、国际贸易理论与实务、国际直接投资与跨国企业管理、时间序列与空间统计 |
| 专业选修课<br>(12 学分) | 以下课程中选 4 门:<br>神经网络与深度学习、随机过程、数据分析、定量风险评估、预测性分析、大数据进阶与应用、计算机视觉、计算理论、大规模分布式系统、文本挖掘与解析、文本数据管理与分析、国际金融理论与实务、国际商务谈判、企业战略管理、国际商务统计方法与应用、跨国企业策略与博弈、国际营销、跨国投资策略、跨国金融策略 |
| 专业实习<br>(4 学分) | / |
| 毕业论文<br>(不计学分) | / |

\* 数据来源:实地调研所获官方资料。

应用统计(大数据统计方向)专业硕士致力于培养兼具大数据统计、分析计算能力与相关技术研发、运营、维护的复合型人才。项目着重培养学生面向大数据系统创新需求的思维和分析计算、项目实践能力。课程总学分 40 分,课程体系如表 6-9 所示。

表 6-9　应用统计(大数据统计方向)专业硕士课程体系*

| 课程类 | 课程 |
|---|---|
| 公共课<br>(6 学分) | 研究生英语、中国特色社会主义理论与实践研究 |
| 学位基础课<br>(9 学分) | 以下课程中选 3 门：<br>时间序列与空间统计、预测性分析、多元统计、数据科学导论、统计软件、机器学习与信息检索 |
| 学位专业课<br>(9 学分) | 以下课程中选 3 门：<br>大数据解析、数据挖掘、数据可视化、数值算法与案例分析、高级经济学分析与应用、大规模分布式系统 |
| 专业选修课<br>(12 学分) | 以下课程中选 4 门：<br>神经网络与深度学习、大数据商务分析、社交网络挖掘、定量风险评估、大数据进阶与应用、互联网金融、金融数据挖掘、文本挖掘与解析、证券投资分析、企业战略管理、大数据与资产管理、大数据与金融风险管理 |
| 专业实习<br>(4 学分) | / |
| 毕业论文<br>(不计学分) | / |

\* 数据来源:实地调研所获官方资料。

(3)科学博士的长期目标是建立一级学科博士点"大数据科学与技术"下设"大数据系统与计算""大数据统计与分析"两个二级学科博士点。

### 6.2.7　"新工科"专业建设面临的主要困境

以上院校在工程教育改革中体现出了一些共性问题。

一是,专业大类培养划分口径待商榷。如,北京大学在工科办学过程中也曾经走过弯路,是在不断探索中形成了大类培养的理念。北京大学认为,过窄的专业划分会极大地束缚学生就业面,影响学生的适应能力。特别是在目前推进的新工科建设过程中,有的学校将一门技术作为一个专业方向,不考虑技术被淘汰的可能性,实际上是危险的开倒车行为。院系新兴专业的设置需谨慎,不可为追求"新"而赶时髦,而应追求实质性教学内容改革。

二是,交叉学科专业办学模式难突破。如,天津大学认为,在实际教学中,单个课程的交叉较为容易,但整个培养过程要实现全面交叉尚比较难,特别是教师投入精力对交叉学科发展的限制较大。又如,复旦大学数据科学与技术专业办学经验表明,跨专业学生素质参差不齐,学生的背景大不相同,容易导致部分学生在转专业后成绩有所下滑。如何让不同背景的学生在起跑线上处于同一水平,这一问题尚在探索中。

三是,工程学科教师评价体系须革新。如上海工程技术大学指出,新兴工科专业组建需要组合新专业教师队伍,但教师积极性明显不足。该校城市轨道交通专业在发展初期,教师队伍缺编严重,需要从相关专业抽调教师,但教师都不愿意学习和开设新课程,导致新工科建设师资薄弱。又以北京航空航天大学航空科学与工程学院为例,该学院年科研经费达 2.5 亿~2.7 亿元,约有 150 名教师,每位教师的科研经费考核指标高达 180 万,教师主要工作精力均放在科研项目获取和学术论文发表,而不在教学上,对课程教学和教材建设积极性较差。又如,天津大学指出交叉学科的专用教材编著存在困难。天津大学校长曾提议为分子科学与工程专业编著一本从化学到化工的过渡教材,但因只有一名教师响应而搁置。

四是,校企合作教育长效机制难突破。工程学科大学生长时间的、规范的工学交替实习模式受限,邀请产业类专家长期合作教学难,授课效果欠佳。如北京航空航天大学航空科学与工程学院,受相关行业保密性质影响,工程学科学生实习非常受限,相关专业实习岗位难寻。目前主要依靠校友创办的企业提供实习岗位,但整体上学生专业实习依然比较困难。此外,学院也特别希望邀请工程用人单位和产业界专家到学校参与教学授课,但在实际教学设计过程中做不到;即使开出高额教学津贴,产业界专家们也难以保障教学时长,且他们更善于做报告而不善于讲课,教育逻辑和教学方法存在欠缺,专业授课效果并不好。

## 6.3 "新工科"建设的四种路径

### 6.3.1 转型路径 I:"产业驱动"路径

"新工科"建设的总体路径,首要的是转型路径,即对传统的、现有的工程学科进行转型、改造和升级,拓展和深化内涵、转变或提高培养目标和标准、改革和创新培养模式,从而推动现有工科专业的改革创新。大量的传统的、现有的"存量"工科专业需要通过转型路径改造成新型工科,对转型路径的研究不容忽视。

对转型路径的研究,其转型的动力值得关注。现有工科的转型可能来自知识的产业化运用的需求,即将知识与产业进行对接、满足产业发展需要的需求,是着眼于现在、对接产业的专业建设活动。这种需求可称之为产业外生需求。我们将产业外生需求驱动的对传统的、现有的工程学科进行的转型、改造和升级定义为"产业驱动"转型路径,其核心特征是由战略性新兴产业需求驱动的以课程、教材和实践教学体系变革为核心的校企合作教育改革路径。在前述案例研究中,北京航空航天大学航空科学与工程学院体现了"产业驱动"路径。

### 6.3.2 转型路径Ⅱ:"工程科学"路径

现有工科的转型还会受到工程科学理论需求的驱动,即探索知识前沿的需求,即在理论、技术知识的前沿领域进行探索的需求,是为引领前沿技术、布局未来发展而进行的专业建设活动。这一需求可称之为学科内生需求。我们将由学科内生需求驱动的对传统的、现有的工程学科进行的转型、改造和升级,定义为"工程科学"转型路径,其核心特征是将工程实践问题提炼为关键科学问题,在前沿性基础研究基础上,引领原创性成果重大突破,反哺工程教育教学的改革路径。前述案例研究中,北京大学工学院以工程科学发展"新工科"的教育教学实践体现了"工程科学"转型路径。北京航空航天大学航空科学与工程学院与北京大学工学院所体现的两种转型路径详见表6-10。

表6-10 "新工科"建设的转型路径

| 所选高校 | 学院及专业 | 总体建设路径 | 分路径 |
| --- | --- | --- | --- |
| 北京航空航天大学 | 航空科学与工程学院<br>系列专业 | 转型路径 | "产业驱动"路径 |
| 北京大学 | 工学院<br>系列专业 | 转型路径 | "工程科学"路径 |

### 6.3.3 新生路径Ⅰ:"学科融合"路径

新工科建设除了需要关注转型路径外,还应关注新生路径,即根据现代产业发展的需要,主动设置和发展一批全新出现、前所未有的工科专业。新生工科面向未来新技术和新产业发展而建立,可以从已有工科与理科交叉融合而来,也可以从已有工科与其他工科的交叉复合中来。基于此,我们定义了"学科融合"新生路径,即由新经济新业态驱动的以工科与医工农信等学科的交叉复合,或工科与人文社会学科跨界交融的方式而形成的全新出现、前所未有的新生工科。前述案例研究中,天津大学化工学院分子科学与工程专业以原有的化学工程加上生物科学(分子科学)的新工科建设活动,其属于"工十理"式的学科融合新生路径;上海工程技术大学城市轨道交通学院轨道交通专业利用原有工科交通运输学科群建设新工科的做法,其属于"工十工"式的学科融合新生路径。

### 6.3.4 新生路径 Ⅱ:"学科衍生"路径

除学科融合新生路径外,新生工科的产生还可以从应用理科等基础学科中孕育、延伸和拓展而来。由此,我们定义了"学科衍生"新生路径,由重大前沿技术突破驱动的从基础科学和应用理科中分化衍生而形成的全新出现、前所未有的新生工科。在前述案例中,复旦大学大数据学院数据科学与大数据专业就是通过整合现有三个理科基础学科(数学、物理、统计学)而衍生出的新兴工科专业,其属于"学科衍生"的新生路径。综上,天津大学化工学院分子科学与工程专业、上海工程技术大学城市轨道交通学院轨道交通专业及复旦大学大数据学院数据科学与大数据专业所体现的"学科融合""学科衍生"新生路径详见表 6-11。

**表 6-11 "新工科"建设的新生路径**

| 所选高校 | 学院及专业 | 总体建设路径 | 分路径 |
|---|---|---|---|
| 天津大学 | 化工学院<br>分子科学与工程专业 | 新兴路径 | "学科融合"<br>("工＋理") |
| 上海工程技术大学 | 城市轨道交通学院<br>轨道交通专业 | 新兴路径 | "学科融合"<br>("工＋工") |
| 复旦大学 | 大数据学院<br>数据科学与大数据专业 | 新兴路径 | "学科衍生"<br>("理→工") |

## 6.3.5 面向"中国制造 2025"的工程教育改革路径选择

**表 6-12 "新工科"建设的主体与路径选择**

| 总体路径 | 子路径 | 工科优势高校 | 综合性高校 | 地方高校 |
|---|---|---|---|---|
| 转型路径:对传统的、现有的工程学科进行转型、改造和升级,拓展和深化内涵、转变或提高培养目标和标准、改革和创新培养模式,从而推动现有工科专业的改革创新 | "产业驱动"转型路径:由产业外生需求驱动的对传统的、现有的工程学科进行转型、改造和升级 | √ | * | √ |
| | "工程科学"转型路径:由学科内生需求驱动的对传统的、现有的工程学科进行转型、改造和升级 | √ | √ | * |
| 新生路径:根据现代产业发展的需要,主动设置和发展一批全新出现、前所未有的新工科专业 | "学科衍生"新生路径:从应用理科衍生出全新出现、前所未有的新兴工科专业 | * | √ | * |
| | "学科融合"新生路径:通过工科与工科的交叉复合,或工科与其他学科交叉融合,建设全新出现、前所未有的新兴工科专业 | √ | * | * |
| | 工＋工　　工＋理 | √ | √ | * |

注:"√"为主要路径,"*"为辅助路径。

工科优势高校是指传统的工科特色和行业特色高校,高校自身具有与行业产业紧密联系的优势。工科优势高校组的"新工科"建设工作主要由浙江大学牵头,相关高校包括清华大学、北京航空航天大学、北京理工大学、天津大学、上海交通大学、同济大学、华东理工大学、西安交通大学、电子科技大学、哈尔滨工业大学、大连理工大学、东南大学、华南理工大学、重庆大学、西南交通大学等国内 44 所重点理工科大学。工科优势高校应当优先选择"产业驱动"转型路径与"学科融合"(如医、工、农、信交叉融合)新生路径。以智能制造技术与工程为主攻方向,利用已有工科优势,打造智能制造领域新型优势特色学科专业群,带动工科为主的学科专业水平、创新服务能力、人才培养质量整体提升。同时,应瞄准培养新一代智能制造人才,以工程创新和工程实践能力为中心,构建符合先进制造业发展要求的新课程体系。

综合性高校具有学科综合的优势,首先,由复旦大学牵头,包括但不限于北京大学、吉林大学、南京大学、四川大学、山东大学、厦门大学、中山大学、武汉大学、苏州大学、青岛大学、中国科学技术大学、华东师范大学。综合性高校"新工科"教学改革思路是:把握自身学科综合优势,通过"学科融合""学科衍生"(如边缘学科细分生长)的新生路径建设新生工科。探索多学科交叉融合办学,围绕工程知识体、跨学科协同能力和创新创业能力构建系统性工程课程体系。其次,通过"工程科学"转型路径发展新兴工科。将实际工程问题提炼为关键科学问题,突破重大基础性科学前沿技术,服务工程教育教学的发展。不片面追求论文数量和 SCI 导向,避免工程科学落入"理科化"陷阱。

地方性高校,主要包括地方行业性高校和一般地方高校。地方行业性高校主要是指聚焦于如农林、水利、地矿、石油、交通、电子等某些行业的地方高校。目前地方性高校组的"新工科"建设工作主要由上海工程技术大学、汕头大学牵头推动。地方性高校及职业技术学院应优先采纳"产业驱动"路径，提升面向区域优势特色产业的服务能力。建立产业与地方高校的信息交流与分享机制，设计与产业发展相匹配的专业设置动态调整机制及培养目标适应机制，构建校企深度合作的协同育人体系，以促进地方高校工程教育体系面向实体经济的开放性、融入性和自适应性。通过"产业对接"路径，地方性高校面向新时代新产业要求，培养高层次技能型人才，建设知识型、技能型、创新型劳动者大军。

## 6.4　本章小结

伴随着当前世界范围内新一轮科技革命和产业变革加速进行，互联网、物联网、大数据、人工智能、新材料、新能源等新科技和新商业模式快速改变着现代工业、经济社会发展和劳动力市场。《中国制造 2025》部署了新一代信息技术、高档数控机床和机器人等十大重点领域，为了支撑快速发展的新经济、培养新型工程创新人才，新工科教育理念和工程教育改革应势而生。

本章分析了新工科之"新"体现的五个方面，即工程教育的新理念、学科专业的新结构、人才培养的新模式、教育教学的新质量、分类发展的新体系。参与主体主要包括工科优势高校、综合性高校、地方高校、政府部门及行业企业。各参与主体各司其职又相互合作，发挥协同作用。

综合已有研究成果，本章深入分析新工科范式下工程教育改革的典型实践,提炼形成转型路径和新生路径两条典型路径。结合北京航空航天大学航空科学与工程学院、北京大学工学院、天津大学化工学院分子科学与工程专业、上海工程技术大学城市轨道交通学院、复旦大学数据科学与大数据技术专业等典型案例分析,形成"产业驱动"路径、"工程科学"路径两条典型转型路径,以及"学科融合"路径、"学科衍生"路径两条典型新生路径。在此基础上,本章进一步分析工程教育改革路径选择,为我国新工科建设提供借鉴。

# 第三篇

## 支撑"中国制造 2025"的工程教育改革建议

党的十九大报告明确指出,应"加快建设制造强国,加快发展先进制造业,推动互联网、大数据、人工智能和实体经济深度融合"。这就要求应坚持把人才作为建设制造强国的根本,建立健全科学合理的选人、用人、育人机制,加快培养制造业发展急需的专业技术人才、经营管理人才、技能人才。本篇为紧跟国际工程教育发展新趋势,深入解决制约我国面向"中国制造 2025"新需求的工程科技人才培养的制度障碍,切实提升我国工程科技人才培养质量,提出相关政策性建议。

# 07 工程教育改革政策建议

　　党的十九大报告明确指出，当前应"加快建设制造强国，加快发展先进制造业，推动互联网、大数据、人工智能和实体经济深度融合"。本研究通过对比前四次工业革命，提炼出第四次工业革命数字化、智能化、绿色化、协同化、网络化的五个特点，在此背景下，通过国际工程教育政策搜集和分析，梳理了美国、欧盟、德国、俄罗斯、日本等国家和区域出台的一系列工程教育相关政策，从软技能、硬技能、工程伦理、智能化应用、跨学科协同、工程创业六个维度构建基于"中国制造 2025"人才新需求的新一代工程师能力框架。在梳理我国高校学科专业应对"中国制造 2025"产业变化的整体数据后，基于中国制造 2025 十大重点领域相关专业布点多、增速快，本科招生计划向十大重点领域倾斜的特点，提炼出工程教育未来发展的智能化趋势和新工科范式两个基本特征，并通过结构化案例分析总结出计算教育的整合化、专业化路径，以及新工科实现的"产业驱动"路径、"工程科学"路径、"学科融合"路径和"学科衍生"路径。

　　为紧跟国际工程教育发展新趋势，深入解决制约我国面向"中国制造 2025"新需求的工程科技人才培养的制度障碍,切实提升我国工程科技人才培养质量,本研究提出以下政策性建议。

## 7.1　加强顶层设计,优化工程教育人才培养政策

国家的顶层设计是推动工程教育发展和工程科技人才培养的重要政策支撑。面向"中国制造 2025"所需的新时代的工程科技能力与素质,教育部、工信部、科技部、中国工程院、自然科学基金委等有关部门需要联合推动政策优化,制定出更加符合新时代背景下中国工程教育高质量发展的有效策略。

建议1:协同各部委制定宏观战略规划和人才培养方案,引导工程教育范式变革。协同发改委、教育部、人社部、工信部、中国工程院等部门机构制定宏观层面的战略规划,聚焦《新一代人工智能发展规划》《智能制造发展规划》等前沿领域发展的要求,明确"中国制造2025"、新工科等工程教育发展的整体趋势,面对创新型工程科技人才类型、层次、能力素质等的需要,科学布局并逐步细化面向未来的工程科技人才培养方案,实现工程人才驱动中国制造业转型升级与创新。

建议2:加强对工程教育各个学科领域的研究支持,强调计算在工程教育中的关键性位置。建议自然科学基金委应考虑立项支持工程教育与其他学科的系列交叉研究,重视工程科学问题的研究,为新工科的发展提供咨询与决策;在国家哲学社会科学基金、教育部人文社科工程科技人才专项中应增加项目经费,提高立项数量和资助比例,鼓励工科教师开展工程教育教学研究;通过政策制定、规划设计强化计算在工程教育中的关键性位置,引导智能化趋势下的工程教育

变革。

建议 3：由教育部遴选专家，建立"全国中小学跨学科教育指导委员会"，探索性建构具有中国特色的标准化 STEM 课程体系，在全国 K12 教育阶段推广 STEM 课程。中小学跨学科教育指导委员会应在保持一定的学科框架的基础上，建设标准化的跨学科整合性必修课程，将物质科学、生命科学、地球与宇宙科学、技术与工程四个领域有机结合，搭建学科知识桥梁，引导学生在学习某一门知识时，按照逻辑思维的方式自然关联到相近领域知识或现实生活实例，加深学生对某一学科知识的深入理解，同时建立对所有所学知识的整体认知。

## 7.2　面向产业需求，探索新工科人才培养模式

中国制造业转型升级特别强调以创新为驱动力，这就意味着需要基于产业发展的需求而培养更多的创新人才。为切实提升计算教育质量，相关高校应根据《中国制造 2025》规划的十大重点领域等战略新兴产业的发展需求，主动与企业深度合作。新工科的发展路径之一，即大学应与企业（产业界）进行深度的科教融合和产教融合。

建议 4：联合企业和行业协会共同规划工程科技人才培养目标和模式，构建新工科人才培养体系。建议通过基于行业协会成立计算教育的联合指导委员会等方式，面向产业需求构建新工科人才培养体系，充分发挥产业在工程科技人才培养过程中的作用，通过政策引导、校企合作等方式建构新工科人才培养体系。

建议 5：引导产业积极参与工程科技人才培养过程，校企联合共建师资队伍和实践平台。产业应面向《中国制造 2025》规划的十大重

点领域等战略新兴产业的发展需求,以及新工科规划的重点领域,积极参与工程科技人才培养。通过校企联合制定培养目标和培养方案、共同建设课程与开发教程、共建实验室和实习实训基地、合作开展研究等,引导企业对工程人才能力与素质的要求渗透到工程科技人才培养的每个环节中。

建议 6:重视培养具备编制工业基础软件能力的工程科技人才。工信部《2015 年工业强基专项行动实施方案》报告明确提出,工业强基是"中国制造 2025"的重要战略任务。面向我国产业发展的智能化需要,要求以产业实践应用为导向,培养一批工业基础软件编制人才,在传统工科中加强学生编制工业软件的能力。构建从 K-12 到大学的计算教育课程全覆盖。从基础教育阶段开始为学生提供接触和了解工程中的计算方法的机会,构建突出情景化的数字计算课程体系,培养其运用计算知识和技能解决工程实践问题能力。

## 7.3  构建系统性跨学科知识桥梁,多层次加强计算教育

伴随着科学技术的进步和交叉融合,依照传统方式划分的学科已不再适用于当前的知识大融通环境。2017 年教育部印发《义务教育小学科学课程标准》,倡导跨学科学习方式,建议教师在教学实践中尝试 STEM 教育。对于新时代青少年而言,计算机的价值不仅停留在工具层面,其更应被看作人类经济和社会发展的基本思维方式。因此信息技术教育更应着眼于计算科学教育,而不是定位为纯粹的工具应用,充分重视计算教育的关键性作用,培养能够适应智能化趋势的工程科技人才。

建议 7：依托教育部高等学校教学指导委员会，遴选相关专家编制人工智能、新一代信息技术、智能制造、信息物理系统等前沿科技通识课程教学大纲和教材。新信息技术已成为新时代各领域专业学生亟须具备的基础技能，其技术引擎的作用正高速改变着包括工程、物理、人文社科等各领域的发展和进步。高等学校教学指导委员会应凝聚专家力量，向当前和未来科技和社会发展趋势对标，围绕前沿信息技术，编写和制定普通高等院校通识课程教学大纲，明确大数据、人工智能、云计算、信息物理系统、工程设计等模块的教学目的、教学要求、教学内容等，采取项目学习模式，鼓励学生亲身参与实践的过程，提升学生的信息技术应用水平，激发学生的创造性计算思维。

建议 8：基于新一代智能制造范式与技术体系的新趋势和新要求，培养具备新一代工程师能力的创新型工程科技人才。深化高校课程与教学改革，重视学生能力、素质、工程伦理观养成等。开展项目导向的课程体系重构，让课程体系设计回归实践，强调与实际需求相结合，加强方法论和问题解决方案的知识教授。利用在线课程、虚拟现实、机器学习等先进技术打造学习效果可测量的高互动性与真实性的STEM 课程，通过及时反馈方便课程提供者重新定向，提升 STEM 教育质量与效率。

建议 9：通过课程设置和教学设计等方式，加强工科学生对智能化情境的体验，实现计算与工程教育的深度融合。国际高等工程教育特别注重在问题情境下培养学生解决复杂工程问题的能力。有别于传统的讲授式教学，问题情境的教学是将教学的重点放在为学生创设复杂工程问题的情境，通过为学习者提供真实的或模拟的项目，实现理论知识向实践认知的飞跃。在教学过程中我们应注重理论与实践并重,为学生提供体验和实践的机会。高等工程教育应该把数字敏感度、建模与仿真能力、算法设计与分析能力等嵌设在各个专业课程之中,通过项目式教学强化问题情境,从而巩固和提高计算素养。

## 7.4  强调高校育人主体职能,分类构建创新型工程科技人才支持体系

高校是工程科技人才培养的主要阵地,在新工科实施过程中,高校主体职能应当进一步强化和提升。依托"中国制造 2025"的实施,重点围绕未来产业转型升级和创新型国家建设的需要,为国家战略的稳步推进提供强大的"工程人才池"和"科技创新源泉"。当前我国工业基础软件的自主设计人才缺乏,工业基础软件主要依靠购买国外软件进行再调试和优化改进。核心工业软件技术人才尚不足以支撑产业智能化发展需求,急需强化工科学生的工业基础软件的设计与编制能力。在计算教育实践过程中,高校应主动响应国家强基工程计划,大力推广普适性计算教育。

建议 10:工科优势高校应采纳"产业驱动"转型路径与"学科融合"新生路径。主要围绕国家战略性新兴产业、先进制造业发展关键任务,以智能制造技术与工程为主攻方向,利用已有工科优势,打造智能制造领域新型优势特色学科专业群,带动工科为主的学科专业水平、创新服务能力、人才培养质量整体提升。同时,应瞄准培养新一代智能制造人才,以工程创新和工程实践能力为中心,构建符合先进制造业发展要求的新课程体系。

建议 11:综合性高校应充分发挥基础学科支撑作用和多学科交

叉融合优势。首先,通过"学科衍生"(学科细分衍生)、"学科融合"(医、工、信交叉融合)新生路径建设新生工科。探索多学科交叉融合办学、应用理科向工科衍生的方式提升高科技制造业和战略性新兴产业相关专业比重,围绕工程知识体系、跨学科协同能力和创新创业能力构建系统性工程课程体系。其次,通过"工程科学"转型路径发展新兴工科。在工程实践中,将实际工程问题提炼为关键科学问题,在突破重大基础性科学前沿技术的基础上,反哺工程教育的发展。不应片面追求论文数量和 SCI 导向,以免工程科学落入"理科化"陷阱。

建议 12:地方性高校及职业技术学院应采纳"产业驱动"路径,提升面向区域优势产业的服务能力。建立产业与地方高校的信息交流与分享机制,设计与产业发展相匹配的专业设置动态调整机制及培养目标适应机制,构建校企深度合作的协同育人体系,以促进地方高校工程教育体系面向实体经济的开放性、融入性和自适应性。通过"产业驱动"路径,地方高校面向新时代新产业要求,培养高层次技能型人才,建设知识型、技能型、创新型劳动者大军。

# 结　　语

　　本书在系统分析三次产业革命基本规律的基础上，聚焦第四次产业革命数字化、智能化、绿色化、协同化、网络化五个核心特点，通过对全球工程教育政策的翔实搜集和分析梳理，结合我国产业人才需求特征和工程教育变革趋势，进而从硬技能、软技能、工程伦理意识、智能化应用能力、跨学科协同能力、工程创业能力六个维度阐释和构建了新一代卓越工程师能力框架。

　　面对我国战略性新兴产业兴起和智能化社会发展趋势，结合《中国制造 2025》《新一代人工智能发展规划》《人工智能标准化白皮书》《国家新一代人工智能创新发展试验区建设工作指引》《高等学校人工智能创新行动计划》等相关政策和智能科学技术发展提炼出我国高校实施计算教育的两条关键路径，即整合化路径和专业化路径。两条路径在工程科技人才计算理念培养、课程体系设计和实践能力提升方面各有特点，以作为计算教育模式的探索方式，为新形势下计算教育引领工程教育变革提供方向和借鉴。同时，为支撑制造业整体转型升级，高等工程教育必须进行全面改革和深刻创新，在总结技术范式、科学范式、工程范式经验的基础上逐步建立"新工科范式"。本研究提炼了"新工科"范式下工程教育改革的四条实现路径,即"产业驱动""工程科学"转型路径,以及"学科融合""学科衍生"新生路径。

进入 21 世纪以来,中国高等工程教育的规模进一步扩大,已经成为世界工程教育规模最大的国家,工程教育的结构进一步优化,形成了层次分明、类型多样、专业齐全的工程教育体系;工程教育的质量进一步提升,国际互认工作取得重大进展,有力支撑了工业现代化可持续发展,也为建设现代化强国奠定了极为重要的人力资源基础。

2018 年,教育部正式启动和实施了"新工科"建设计划,强调改造升级传统工科专业,加快发展新兴工科专业。"新工科"研究和实践致力于传统工科转型和新兴工科发展,对于工程师职业能力、工程技术人才培养的目标、质量等各个方面均提出了新的要求。"新工科"教育改革应以全面加强人才培养体系为重点,以人才培养模式综合改革带动学科体系、教学体系、教材体系、管理体系建设。深入实施工程教育领域"卓越拔尖 2.0"计划,深化工程硕士、工程博士培养模式改革,进一步推动产教融合、科教融合,夯实内涵发展基础。

展望未来,我国工程教育应当全面建立规模稳定、结构合理、质量领先、开放合作、公平包容、持续发展为重要特征的新时代中国特色工程教育体系,以期有效支撑国家创新驱动战略。我国高等工程教育要以此为契机推进自身转型,抓住机遇推动工程教育范式变革,提升我国工程教育人才培养质量,实现我国从工程教育大国向工程教育强国的迈进!

# 参考文献

[1] National Economic Council and Office of Science and Technology Policy. A Strategy for American Innovation [R]. 2015.

[2] D. W. Valentine. CS Educational Research: A Meta-analysis of SIGCSE Technical Symposium Proceedings [J]. SIGCSE Bulletin, 2004, 36(1): 255-259.

[3] Freeman P, Aspray W. The Supply of Information Technology Workers in the United States[R]. Washington: Computing Reasearch Association, 1999.

[4] John Finamore, Beethika Khan. Characteristics of the College-Educated Population and the Science and Engineering Workforce in the United States [R]. Arlington, VA: NSF 15-317. 2015.

[5] Special Report. NCSES. Assessing the Impact of Frame Changes on Trend Data from the Survey of Graduate Students and Postdoctorates in Science and Engineering [R]. Arlington, VA: NSF 16-314. 2016.

[6] Ministry of Education, Culture, Sports, Science and Technology-Japan. White Paper on Science and Technology [R].

Tokyo：Ministry of Education，Culture，Sports，Science and Technology，2006.

［7］Wing J M. Computational Thinking［J］. Communications of the ACM，2006，49（3）：33-35.

［8］彼得·马什.新工业革命［M］.1版.赛迪研究院专家组,译.北京:中信出版社,2013.

［9］白逸仙.高校培养创业型工程人才的方式研究［D］.武汉:华中科技大学,2011.

［10］保罗·麦基里.第三次工业革命［J］.经济学人,2012（4）.

［11］蔡泽寰,肖兆武,蔡保.高职制造类专业人才培养要素优化探析:基于"中国制造 2025"视域［J］.中国高教研究,2017（2）:106-110.

［12］陈以一,李晔,陈明.新工业革命背景下国际工程教育改革发展动向［J］.高等工程教育,2014（9）:1-5,19.

［13］邓泳红,张其仔.中国应对第四次工业革命的战略选择［J］.中州学刊,2015（6）:23-28.

［14］丁晓红,李郝林,钱炜.基于成果导向的机械工程创新人才培养模式［J］.高等工程教育研究,2017（1）:119-122.

［15］冯向东.学科、专业建设与人才培养［J］,高等教育研究,2002（5）:67-71.

［16］郭朝先,王宏霞.中国制造业发展与"中国制造 2025"规划［J］.经济研究参考,2015（31）:3-13.

［17］郭世田.当代中国创新型人才发展问题研究［D］.济南:山东大学,2012.

［18］黄群慧,贺俊.中国制造业的核心能力、功能定位与发展战略——兼评《中国制造 2025》[J].中国工业经济,2015(6):5-17.

［19］黄阳华.德国"工业 4.0"计划及其对我国产业创新的启示[J].经济社会体制比较,2015(2):1-10.

［20］纪成君,陈迪."中国制造 2025"深入推进的路径设计研究——基于德国工业 4.0 和美国工业互联网的启示[J].当代经济管理,2016,38(2):50-55.

［21］蒋华林,朱晓华.面向新工业革命的新能源领域本科课程体系建设[J].高等工程教育研究,2015(4):183-188.

［22］李健旋.美德中制造业创新发展战略重点及政策分析[J].中国软科学,2016(9):37-44.

［23］李金华.德国"工业 4.0"与"中国制造 2025"的比较及启示[J].中国地质大学学报(社会科学版),2015,15(5):71-79.

［24］李良军,金鑫,周佳,等.新工业革命对分布式制造领域人才培养的影响研究[J].高等工程教育研究,2015(4):70-75.

［25］李茂国,朱正伟.基于工业价值链的工程人才培养模式创新[J].中国高教研究,2016(12):36-40.

［26］李茂国.面向新工业革命的工程人才培养模式改革趋势[J].高等工程教育研究,2016(5):57-58.

［27］李冉,朱泓,李志义.新工业革命背景下工程人才素质特征探析[J].煤炭高等教育,2015(3):26-30.

［28］李拓宇,李飞,陆国栋.面向"中国制造 2025"的工程科技人才培养质量提升路径探析[J].高等工程教育研究,2015

（6）：17-23.

[29] 林健.面向未来的中国新工科建设[J].清华大学教育研究，2017(38)：26-35.

[30] 刘献君.论高校学科建设[J].高等教育研究，2000(5)：16-20.

[31] 马永霞，郝晓玲.价值与独特：研究型大学国际化工程人才培养模式的新视角——基于虚拟人力资源理论[J].国家教育行政学院学报，2015(4)：16-21.

[32] 孟凡芹.大众化高等教育人才培养质量标准体系模型构建——基于标准化系统工程理论视角[J].高校教育管理，2017(2)：100-106.

[33] 邱学青，李正，吴应良.面向"新工业革命"的工程教育改革[J].高等工程教育研究，2014(5)：5-14，45.

[34] 邱学青，李正，吴应良.新工业革命的人本内涵及其对工程教育改革的启示[J].高等工程教育研究，2016(4)：16-22.

[35] 曲晓丹.美国大学跨学科人才培养模式研究——以卡内基梅隆大学为例[D].大连：大连理工大学，2013.

[36] 宋勤健.高校学科链对接地方产业链——地方高校学科建设的必由之路[J].中国高校科技，2006(S3)：33-34.

[37] 沈晓丹.对工业革命的基本特征与我国对策思想的探讨[J].科学学与科学技术管理，1984(4)：2-4.

[38] 克劳斯·施瓦布.第四次工业革命[M].北京：中信出版社，2016.

[39] 王沛民.计算机教育的几个基本问题[J].浙江大学教育研

究,1991(3).

[40] 王聪.基于知识的新型工业化:内在逻辑与路径选择[J].天津社会科学,2016(6):101-105.

[41] 王忠宏,李杨帆.数字化制造与新工业革命[J].决策,2013(6):54-56.

[42] 文君,蒋先玲.用系统思维创新高校"一带一路"国际化人才培养路径[J].国际商务:对外经济贸易大学学报,2015(5):153-160.

[43] 吴爱华,侯永峰,杨秋波,等.加快发展和建设新工科主动适应和引领新经济[J].高等工程教育研究,2017(1):1-9.

[44] 夏建国,周太军.中国制造 2025 和应用型大学发展[J].中国高等教育,2015(9):24-27.

[45] 现代工程教育:俄联邦工业和技术远景展望[R].俄联邦工业贸易部.2012.

[46] 徐飞.办一流工程教育 育卓越工科人才[J].高等工程教育研究,2016(6):1-6.

[47] 许霞,李红英.应用型民办本科高校工程管理专业人才培养方案的修订与实践[J].教育观察(上半月),2017(9):59-60.

[48] 叶伟巍.技术的本质及教育启示[J].高等工程教育研究,2015(5):40-45.

[49] 余东华,胡亚男,吕逸楠.新工业革命背景下"中国制造 2025"的技术创新路径和产业选择研究[J].天津社会科学,2015,4(4):98-107.

[50] 赵丽洲,李平,孙铁.学科集群对接产业集群的嵌入机理及

策略:基于学科链嵌入产业链的视角[J],现代教育管理,2014(12):21-25.

[51] 张航,缪琳.基于 ANP 的"卓越工程师"综合能力评价体系研究[J].科教导刊,2012(27):3-4.

[52] 张进明.培养伟大的工程师[N].光明日报,2017-08-22(13).

[53] 章立东."中国制造 2025"背景下制造业转型升级的路径研究[J].江西社会科学,2016,36(4):43-47.

[54] 郑琼鸽,吕慈仙,唐正玲.《悉尼协议》毕业生素质及其对我国高职工程人才培养规格的启示[J].高等工程教育研究,2016(4):136-140,145.

[55] 周济.智能制造:"中国制造 2025"的主攻方向[J].中国机械工程,2015,26(17):2273-2284.

[56] 周绪红.中国工程教育人才培养模式改革创新的现状与展望:在 2015 国际工程教育论坛上的专题报告[J].高等工程教育研究,2016(1):1-4.

# 索　引

**图书在版编目（CIP）数据**

面向工业 4.0 的高等工程教育变革趋势与应对策略 /
张炜，吕正则著. —杭州：浙江大学出版社，2020.10
ISBN 978-7-308-20469-9

Ⅰ. ①面… Ⅱ. ①张… ②吕… Ⅲ. ①高等学校—制
造工业—人才培养—研究—中国 Ⅳ. ①F426.4

中国版本图书馆 CIP 数据核字（2020）第 149012 号

## 面向工业 4.0 的高等工程教育变革趋势与应对策略

张　炜　吕正则　著

| | | |
|---|---|---|
| 责任编辑 | 李海燕 | |
| 责任校对 | 虞雪芬 | |
| 封面设计 | 雷建军 | |
| 出版发行 | 浙江大学出版社 | |
| | （杭州市天目山路 148 号　邮政编码 310007） | |
| | （网址：http://www.zjupress.com） | |
| 排　　版 | 杭州好友排版工作室 | |
| 印　　刷 | 浙江省邮电印刷股份有限公司 | |
| 开　　本 | 710mm×1000mm　1/16 | |
| 印　　张 | 11.25 | |
| 字　　数 | 131 千 | |
| 版 印 次 | 2020 年 10 月第 1 版　2020 年 10 月第 1 次印刷 | |
| 书　　号 | ISBN 978-7-308-20469-9 | |
| 定　　价 | 49.80 元 | |